Let's ask a doctor mental health

心のお医者さん
に聞いてみよう

認知症の親を介護している人の心を守る本

疲れたとき、心が折れそうなときのケース別対処法

認知症専門医　くるみクリニック院長
西村知香 監修

大和出版

はじめに

開業して間もなく、80代のお姑さんを連れてやつれたお嫁さんが訪れました。彼女はお姑さんから「お金を盗んだ！」と言われていました。夫である長男、義姉である長女も、それを鵜呑みにし、彼女を責めていました。

お姑さんの診察を終え、お嫁さんとふたりでの面談の時間、私はお姑さんの脳MRI画像、知能検査の結果を見せながら「アルツハイマーの中期」だと告げました。

彼女は「ありがとうございます」ともらし、泣き崩れました。「姑を絞め殺し、自殺しようと思っていました」と。私は、抑うつ状態だった彼女自身のカルテをつくり、カウンセリングと薬物療法をしながら、ケアマネジャーさんと一緒に介護を援助しました。これが「認知症のケアをする人をケアすること」の、始まりでした。

本書は、私の経験に基づき、どのようにアプローチすると、認知症の介護がうまく進むのかを紹介しています。介護で悩む方に「こんな考え方もあるんだ」と参考にしていただき、前向きにとり組む手伝いができれば幸いです。みなさん迷いながら介護をしています。でも、最終的に「これでよかったんだ」と思えるようになっていただけるとうれしく思います。

くるみクリニック院長　認知症専門医
西村知香

CONTENTS

Part2

ケース別対処法

「おおらかな介護」がケアする人の心を守る……37

CONTENTS

デザイン●酒井一恵
イラスト●須山奈津希

Part1

また、ため息ついていない？

「介護疲れ」のサインに気づく

あなたは、自分の疲れを無視していませんか？

イライラ言動が出ていない？ ストレスの限界かもしれない

がまんが重なった結果、キレてしまう人もいる

認知症ケアは、細かいがまんの連続です。病気だと理解していてもイライラし、ついキツく当たってしまうことが。しかし、こうした対応が積み重なると、認知症の症状にも悪影響が及びます。次のような言動に覚えがあったら、あなた自身のストレスの限界サインと捉えましょう。

- □ 話すときに、つい語気が荒くなってしまう
- □ 大きな声で怒鳴り、当たり散らす

- □ ケアをしようとするたび、大きなため息をつく

- □ 本人にわかるようにがっかりした表情を見せる
- □ くどくどダメ出しばかりする
- □ 聞こえるように舌打ちをする
- □ 見ているところで、モノを投げつけたり、壊したりする

□ よばれても、無視したり、その場を立ち去ったりする

□ 口もきかず、相手の快・不快を考えず、ケアをする

□ スマホを見ながら、適当に対処する

□ できることをとりあげて、代わりに全部やってしまう

□ 「いいから！」と言って、やっていることをとりあげる

□ 「なにもしないで！」「じっとしていて！」ときつく言う

あなたにも、心当たりはありませんか？

体も心も悲鳴をあげている。介護疲れのサインに気づく

自分では気づいていないことも多い

ケアで時間を奪われ、肉体的、精神的に追い詰められているのに、それに気がつかないことがあります。突然倒れたり、ストレスから病気を患ったりして、周囲が介護の負担の大きさや、体調の変化に気づくことになります。しかし、がんばりやさんほど、家族の指摘を否定し、無理してしまいがちです。

「心」の不調

- □ 激しく**落ち込む**
- □ **イライラ**する
- □ **涙が止まらなく**なる
- □ **不安**になる
- □ **周囲と衝突**することが増えた

イライラ
イラ
イラ
ガチャ
ガチャ

家族に「言葉がきつくなった」と指摘されたり、家族と口論が増えたりしてきたら、一度心の状態を見つめてみる。

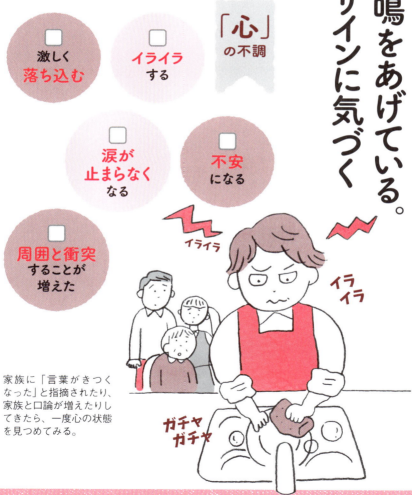

「体」の不調

睡眠

- □ 夜中や早朝に**目が覚め、眠れなくなる**
- □ **熟睡できない**
- □ **寝つき**がわるい

体重

- □ 体重が**急に増えた**
- □ 体重が**急に減った**

食欲

- □ **食べすぎ**てしまう
- □ **食欲がわかない**

その他

- □ **動悸**がする
- □ **耳鳴り**がする
- □ **めまい**がする
- □ **頭痛**がある
- □ **風邪**を引きやすい

わずかな音や光に反応したり、日中のできごとがくり返し思い出されたりし、不眠に。睡眠不足で免疫力が低下すると、病気になることも。

まじめで一生懸命な人ほど、負のループにおちいることがある

素直になれない人は行き詰まりやすい

認知症の人と接していると、思い通りにならないことが起こります。自分のルールにこだわり、素直に周囲の助言や手助けを受け入れられないタイプの人は、ケアに行き詰まりやすいもの。個人的な悩みを抱えている状態で、ケアをする場合にも、心身に負荷がかかりすぎ、不調におちいりやすくなります。

- [ ] まじめで一生懸命、すべてに全力を尽くす
- [ ] がんばればいい結果が出ると信じている
- [ ] 論理的に効率よくものごとを進めたい
- [ ] マイルールにこだわり、その通りにやりたい

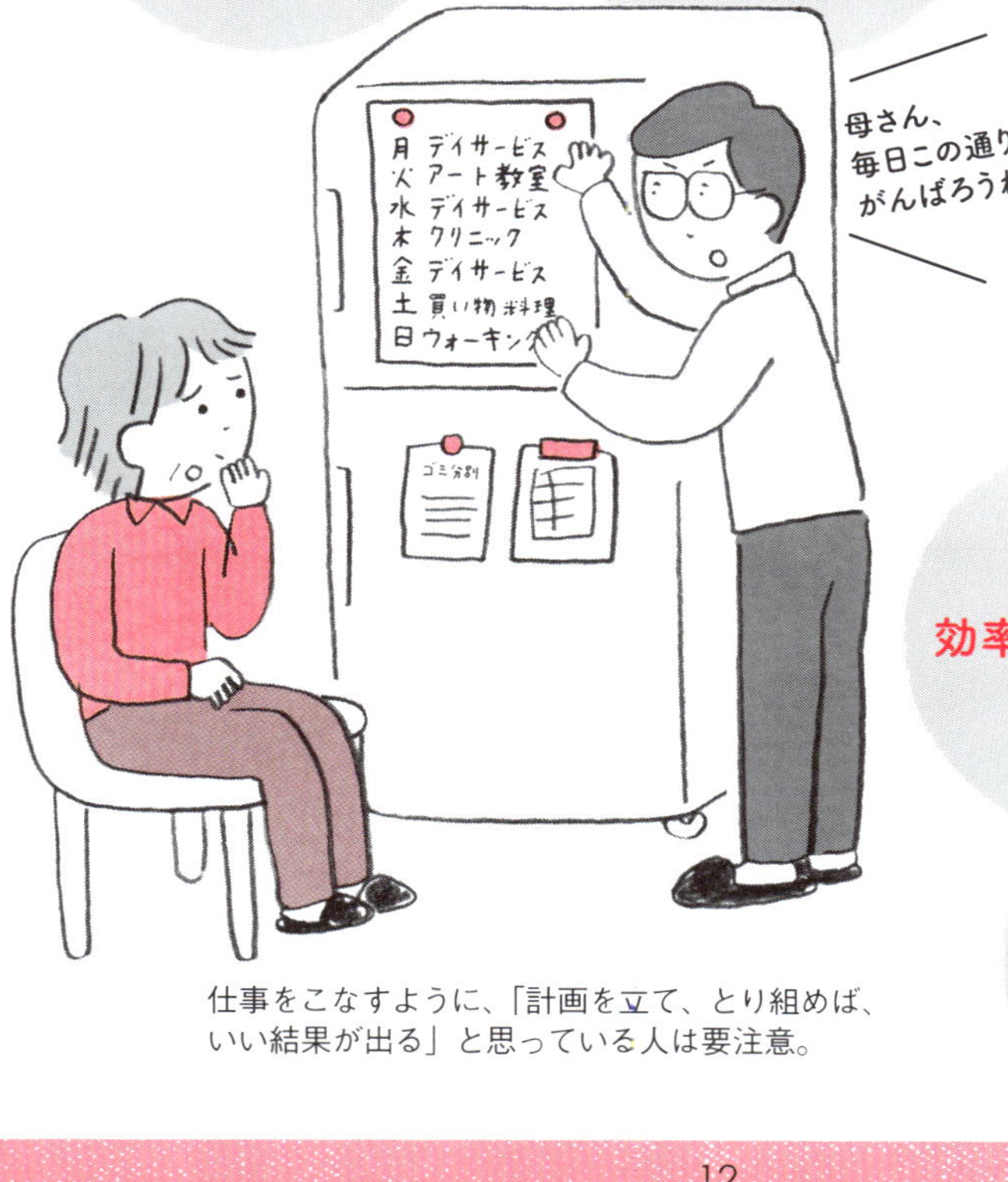
母さん、
毎日この通りに
がんばろうね!
月 デイサービス
火 アート教室
水 デイサービス
木 クリニック
金 デイサービス
土 買い物 料理
日 ウォーキン
ゴミ分別

仕事をこなすように、「計画を立て、とり組めば、いい結果が出る」と思っている人は要注意。

苦手なことは
したくないなぁ～

まったくもう！
兄さん、待ってよ！
ワー
ワーワー

☐ 成り行きまかせで計画を実行するのが苦手

☐ こだわりが強く、他人との共同作業は嫌い

こだわりが強く、協調性があまりなく、好きなことだけしかしないタイプの人も、ケアのストレスを感じやすい。

☐ 日常生活で不安や不満が多い

☐ 兄弟姉妹や親戚とのあいだにわだかまりがある

☐ 認知症の本人とはあまり良好な関係とはいえない

自分の悩みをセルフチェック

認知症のケア以前に、自身に生活上の不安や不満があるときは、介護疲れの要因になりやすい。自分の問題を自覚することが大事。

例）

自分の将来

該当する悩みを鉛筆で塗り、筆圧の強さや面積の広さで程度を把握する。

自分の将来　パートナー　子ども

人間関係　お金　仕事

4つの問題で、疲れが慢性化。ほうっておくとうつになることも

問題が解決されないまま、悪化していく

ケアする人は、日々心身に不調を感じる「介護疲れ」から、やがてうつなどの病気になりがちです。そこには家庭ごとに複雑な原因が考えられます。関係が近いだけに生じている原因を客観視しづらくなってしまいます。

問題を明確にするところから始めましょう。

問題1

認知症がどういう病気なのかよくわからない

医師から、いま起きているもの忘れなどの現象が、認知症に由来するものだという説明はあるものの、認知症という病気自体の知識が不足している。実際に、脳内でなにが起こっているのか、治療の方針や進行のしかたについて、よくわからない。

問題2
この先、どうなっていくのか 計画が立てられない

少しずつ、いろいろなことができなくなっているような気がするが、これ以上症状が悪化したら、どうすればいいのか見当がつかない。どんなふうに進行していくのかがわからないため、将来の見通しが立てられず、毎日漠然とした不安を抱えて過ごしている。

問題3
誰も頼れない…… ひとりでは限界だと感じる

兄弟姉妹や親戚がいても、事情があって頼るわけにはいかない。なんとかひとりでケアをしてきたが、時間的にも、体力的、精神的にもギリギリ。これ以上症状が悪化したときに、ひとりでがんばれる自信がない。しかし、誰を頼ったらいいのかわからない。

こっちは遠いし、
介護なんて
無理だから！
ムリだ!!

問題4
もともと認知症の本人との 関係がよくない

親子、嫁姑など、もともと関係がよくなかった場合、問題が生じやすい。ケアする側が愛情をもって接することができないときに、介護は行き詰まりやすい。心のなかのわだかまりが、認知症をきっかけに噴出し、介護放棄や虐待にもつながりやすい。

認知症のタイプと、症状の現れ方について正しく理解する

脳の病気のタイプで症状が変わる

認知症の症状には、病気が原因で起こる中核症状と、派生的に生じる周辺症状があります。患者数が多いのはアルツハイマー型ですが、認知症にはいくつかのタイプがあり、症状も治療法も異なります。

今後の対策を考えるうえで、症状を把握し、知識を得ておきましょう。

おもな認知症のタイプと特徴

アルツハイマー型認知症	●アミロイドβ《ベータ》というタンパク質により脳が萎縮。日本人の認知症の50%以上をしめる。 ●とくに記憶を司る海馬が萎縮し、もの忘れが生じやすい。
レビー小体型認知症	●レビー小体というタンパク質により、脳神経細胞が壊れる。 ●手足のふるえや歩行困難などのパーキンソン症状を併発。 ●もの忘れよりも、実際にないものが見える幻視が起こりやすい。
前頭側頭葉変性症（ピック病）	●脳の前頭葉、側頭葉が萎縮することで発症する。 ●万引きなど、社会ルールから逸脱した行動をとりやすい。 ●薬によってある程度症状をコントロールできる。
血管性認知症	●脳梗塞などの脳血管の病気の二次障害として起こる。 ●障害を受けた脳血管の部位によって、症状の出方が違う。 ●いわゆる「まだらぼけ」状態で、調子に波がある。
その他の認知症	●老年期特有のタウタンパク質がたまり生じる認知症がある。 ●頭の外傷や甲状腺の病気、中毒症などでも似た症状が出る。 ●これらの鑑別は難しく、専門家による詳細な診断が必要。

原因と、中核症状、周辺症状の関係

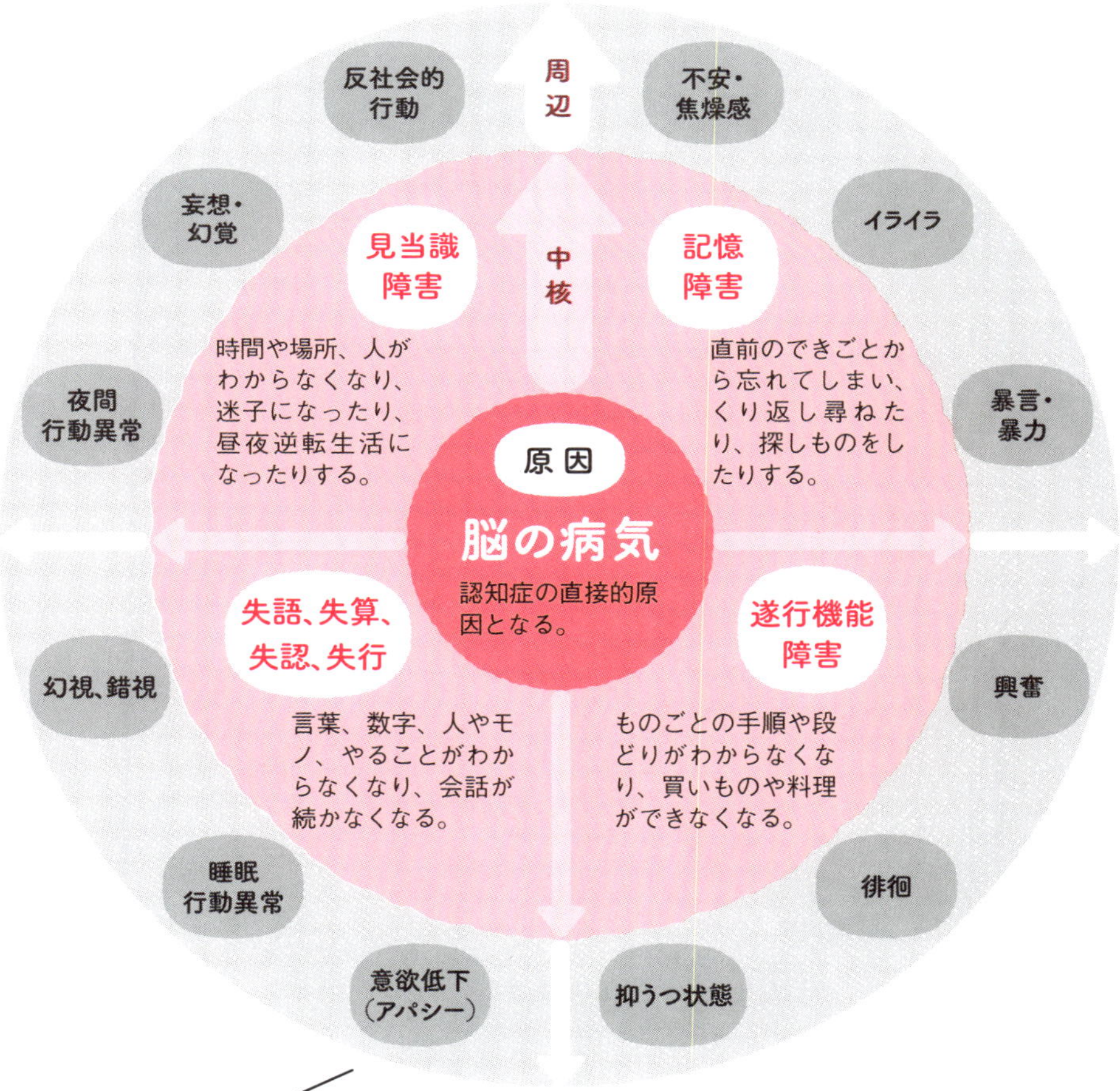
周辺
中核
反社会的行動
不安・焦燥感
妄想・幻覚
イライラ
見当識障害
時間や場所、人がわからなくなり、迷子になったり、昼夜逆転生活になったりする。
記憶障害
直前のできごとから忘れてしまい、くり返し尋ねたり、探しものをしたりする。
夜間行動異常
暴言・暴力
原因
脳の病気
認知症の直接的原因となる。
失語、失算、失認、失行
言葉、数字、人やモノ、やることがわからなくなり、会話が続かなくなる。
遂行機能障害
ものごとの手順や段どりがわからなくなり、買いものや料理ができなくなる。
幻視、錯視
興奮
睡眠行動異常
徘徊
意欲低下（アパシー）
抑うつ状態

中核症状から生じる不安が不可解な行動を引き起こします。

脳の神経細胞が損なわれ、認知症になり、認知機能が低下（中核症状）。さらにそこから派生し、周辺症状（BPSD）として心理面、行動面での異常が起こる。

先行きが不透明なら、まず進行段階と症状、期間を理解する

中核症状はケアとは無関係に進む

今後の見通しを立てるためにも、中核症状の進行段階を理解し、現状を主治医に確認しましょう。

アルツハイマー型は、詳細がわかってきています。薬で進行が遅くなることもありますが、突然進むことも。進行のスピードはケアに左右されるものではありません。一喜一憂しないように。

アルツハイマー型認知症の進行と症状

期間	3～4年以上	
段階	初期（軽度）	
特徴的な症状	**複雑なことはやりたがらない** ☐ 難しい計算ができなくなる。 ☐ 料理や買いものなど、複雑な作業ができなくなる。 ☐ 人と一緒になにかをすることが苦手になる。	**もの忘れが増え、不安を感じる** ☐ とっさに言葉が出なくなる。 ☐ 人の名前を忘れる。 ☐ なくしものが増える。 ☐ 読んだものをすぐ忘れてしまう。 ☐ 計画通り実行できない。

症状は行きつ戻りつしながら進んでいきます。

外部のサポートを受けながら介護

訪問サービス、施設入所を考える

排泄や入浴が困難になり、動くことができなくなってきたら、訪問介護、訪問看護、また施設への入所なども検討する。

介護認定を受け、介護保険制度を使う

進行を予防するための「要支援」から、介護を必要とする「要介護」に移行する時期。介護認定を受けて、適切なサービスを利用。

4～5年以上		2～3年以上
後期（重度）		**中期（中等度）**
終日、介護が必要になる	**ひとりで過ごすのは難しい**	**日常生活がふつうに送れない**
□会話が困難。 □日常生活の全般にわたり、介護が必要。 □筋肉がこわばる。 □モノを飲み込むことができない。 □寝たきりになる。 □心臓、腎臓などの機能が落ちる。	□最近のできごとを忘れている。 □自分の名前以外はわからない。 □衣類の着脱、排尿、排便に手助けが必要。 □幻覚、妄想、徘徊が見られる。	□電話番号や住所などを思い出せない。 □場所、日時、曜日、季節などがわからなくなる。 □夏にコートを着るなど、状況判断ができない。

※進行の速度には個人差がある。年数はあくまで目安。

問題解決❸

周囲から孤立していないか？わが家のケア体制を見直す

キーパーソンを中心に体制を組む

認知症のケアをひとりで抱え込んでいないでしょうか？

医療機関や介護関係者と連絡をとるキーパーソンを中心に、サポート体制をとります。家族、親戚、専門家だけでなく、友人、職場や地域の理解を得ておくことが大切です。

思い浮かぶ人の名前を書き込もう！

家族・親戚は？

- 家族は協力的？
- 家族のなかで頼れるのは誰？
- 味方をしてくれる親戚は？

友人、知人は？

- 現状を知っている友人、知人は？
- 友人との集まりなどに参加できている？

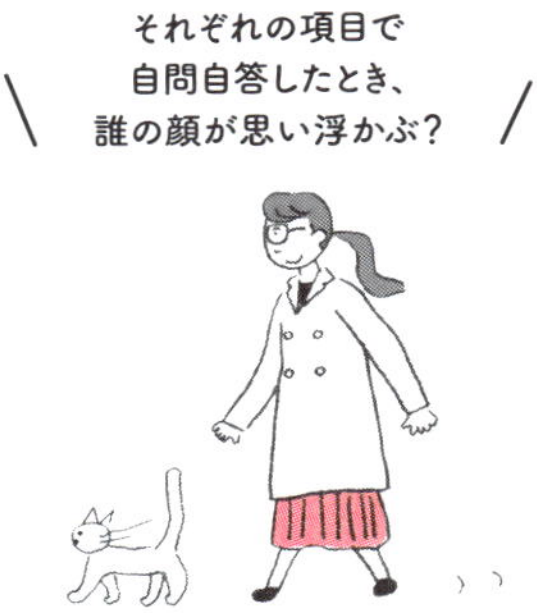
それぞれの項目で
自問自答したとき、
誰の顔が思い浮かぶ？

経済面での相談相手は？

- 家族や親戚からの援助はある？
- 介護保険制度などは利用できている？

職場の人は？

- 状況を伝え、理解してもらっている？
- 勤務体制や給与面でサポートがある？

地域の人たちは？

- ご近所に、家族が認知症だと伝えている？
- 自治体とのつながりはある？

医療の専門家は？

- 認知症の専門医とのつながりは？
- すぐ相談できるかかりつけ医は？

介護の専門家は？

- ケアマネジャーとはうまくいっている？
- ヘルパーや看護師などとのつながりは？

これまでの関係をふり返り、わだかまりをときほぐす

認知症以前 家族関係が築けていたか?

認知症のケアでは、変化していく症状への対応ではなく、その人の人格そのものを尊重し、手助けすることが大切です。認知症以前から、本人とケアする人との関係に問題があると、ケアは困難になります。複雑な思いがあるままでは、本人とどう向き合い、接したらいいのか、戸惑うことになります。

認知症以前の関係をふり返る

夫と妻

ふり返りポイント

- □ 浮気などでもめたりしたことは?
- □ 日頃から、会話はあった?

親と子

ふり返りポイント

- □ 親は自分への依存が強かった?
- □ 身体的、精神的な虐待はなかった?

祖母、祖父と孫

ふり返りポイント

- □ 幼い頃は疎遠だった?
- □ 自分の父母や自分に好意的だった?

認知症以降　関係性を修復しながら介護に当たる

認知症になる以前から、本人に対して解消できない思いがあるのなら、どうケアしていくかより、まず本人との関係を修復します。

病気の本人を変えるのは難しいもの。でも介護者自身が、心のなかで関係性を修復し、本人の人格を捉え直すことができれば、ケアはラクになります。家族関係の問題を扱っている機関などで、カウンセリングを受けてみるといいでしょう。

認知症以降も両者の関係性は継続

「夫婦介護」の注意点

- 老老介護になりがち。早めにサポートを入れる。
- ケアする側も認知症になることがある。

「親子介護」の注意点

- 仕事、子育てで大変な時期。介護体制づくりをしっかり。
- 中年期、更年期特有の病気に気をつける。

「祖父母・孫介護」の注意点

- 受験、就職、結婚などへの影響も考えながら行う。
- 自由時間が奪われることへのケアも必要。

認知症のケアとは

治せない病だと理解することで、冷静さと余裕が生まれる

世界では広く認知症の研究が行われていますが、まだ発症メカニズムは解明されておらず、根本的な治療法は見つかっていません。

薬やケアで進行は止められない

現在、認知症の薬のなかには、進行を一時的に遅らせる効果をもつものはあります。けれども、完治させることはできません。残念なことですが、いまの医療技術では、それが限界です。

認知症の人は、脳になんらかの障害を受けることで、認知機能が低下し、当たり前にやっていたことができなくなっていきます。子育てのように、日常生活全般への手助けが必要になるのが認知症のケア。大きな違いは、子育てとは異なり「手が離れることはない」ということです。

子育ては、子どもの成長とともに本人のできることが増え、手が離れます。認知症ケアは逆です。いまがもっともいい状態であり、徐々にで

「現在がもっともよい状態」だと認識する

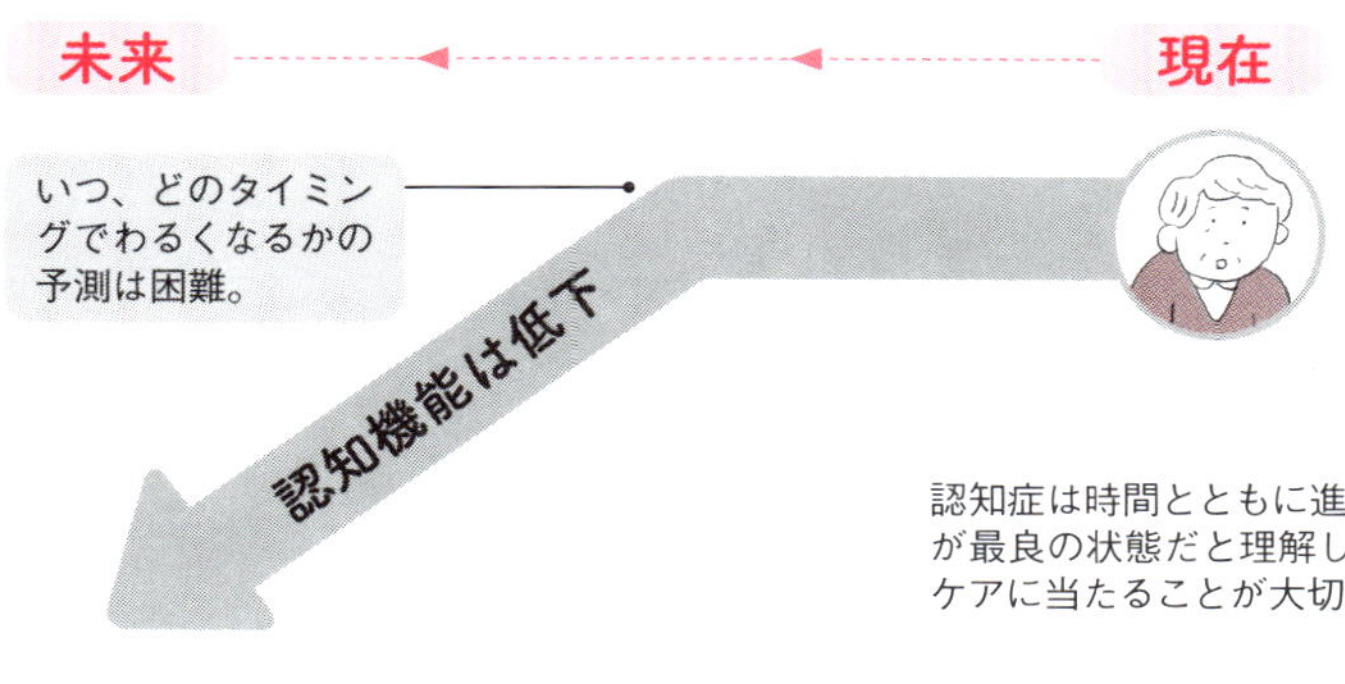
未来
現在
いつ、どのタイミングでわるくなるかの予測は困難。
認知機能は低下

認知症は時間とともに進行。現在が最良の状態だと理解したうえでケアに当たることが大切。

きないことが増えていきます。厳しい現実ですが、ケアをする人はこのことをきちんと理解しておく必要があります。

本人は、次第に自分が病気であることもわからなくなり、病気に対するつらさは薄れていきます。しかし、介護する家族は違います。どんなに心を尽くして介護をしても、悪化していく現実を目の当たりにしなければなりません。気持ちはしずんでいくものです。

とくに、まじめでなにごとにも一生懸命とり組もうとする人、仕事と同じように効率的にこなそうとする人は、要注意。症状が急に進行するとむなしくなり、落ち込み、抑うつ状態になることもあります。

認知症のタイプと症状を理解することから始める

最初に、認知症がどのように進行し、どんな症状が現れるのか、正しく理解しておきましょう。認知症にはさまざまなタイプがあり、それぞれ症状や進行の速さ、治療方法は異なります。とくにもっとも多いアルツハイマー型認知症は、進行段階などの詳細がわかってきています。あらかじめ知っておくと目安にすることができます。

主治医に現在の進行状況を確認し、今後現れる症状を理解しておけば、心の準備ができ、介護体制を整えておくときにも役立ちます。

まず「認知症は
こういうものなんだ」
と理解しておくことが大切。

介護疲れのパターン

家族のケアは人間関係の延長。理詰めでとり組むとつらくなる

会社の第一線で仕事をバリバリこなしてきた人のなかには、認知症ケアも仕事と同じ姿勢でとり組もうとする人がいます。けれども、認知症のケアと仕事には根本的な違いがあります。

ケアは非効率的、非生産的。仕事のようにはいかない

仕事では、いかに効率的に働き、生産性を上げるかが重要。努力すればよい結果が得られ、金銭的報酬となって報われます。

ところが認知症ケアは、効率や生産性とは無縁の世界です。ビジネスのように効率的に管理できません。相手は感情をもった大人で、根底には夫婦や親子として接してきた長年の関係性があります。

それに認知機能は日々低下していきます。理詰めで話してもわかってもらえるとはかぎりません。

例えば、ゴミの出し方をまちがえたことを叱ったり、認知機能を鍛え

A型行動パターンは要注意！

循環器病学者フリードマンとローゼンマンは、1959年に虚血性心疾患とA型行動パターン（左記）との関連性を指摘しています。このタイプは、野心家で負けん気が強く攻撃的。なんでもすばやく完璧にこなそうとします。日本人においては、うつとの関係が指摘されています。

ようと無理やり計算問題をやらせたり……。認知症の人の行動を正したり、効率よく管理しようとしてもうまくいきません。

　また、時間的にも経済的にも消耗します。努力しても病気が治ることはなく、子育てのように成長を楽しむこともできません。

こだわりよりも素直さが、ケアする側の心身を守る

　認知症ケアで、とくに負のスパイラルにおちいりやすいのは、まじめで仕事熱心なタイプの人です。つねに効率的に仕事をこなして達成感を得たい「A型行動パターン」（下記参照）の人は、ものごとが自分の思い通りに運ばないとイライラしてストレスがたまります。

　また、認知症の人との毎日では、予測できない問題が起こり、その都度臨機応変に判断を下さなければなりません。問題を先送りにするタイプ、自分ルールにこだわりすぎるタイプは、ストレスを感じます。「こうなるはず」とか、「こうするべき」というこだわりは捨てて、そのときどきの状況に自分を合わせて対処していくのが「コツ」。

　そのためには、周囲の助言には素直に耳を傾けましょう。専門家や家族などに支援を求め、協力してケアを進めることができれば心身の負担は軽くなり、負のスパイラルから抜け出せるはずです。

A型行動パターンチェックリスト

- □ 早口できつい口調で、周囲の人に当たることが多い。
- □ 早食いで、食休みなどはとらない。
- □ のんびりした相手に、イライラを感じやすい。
- □ 前の車が遅いと、イライラしやすい。
- □ 複数のことを同時並行で進められる。

- □ いつも時間に追われている感じがする。
- □ 仕事は質より、量をこなしたほうがえらい。
- □ つい貧乏ゆすりをしてしまう。
- □ 早朝から深夜、休日まで働いている。
- □ 責任感が強い。

介護疲れへの気づき❶

軽度でも、同居していなくても、介護疲れに襲われることがある

認知症のケアをしていると、ストレスから慢性的な介護疲れが生じたり、抑うつ状態におちいったりすることがあります。

症状の程度や、同居の有無とは無関係に起こる

認知症のケアは精神的にも肉体的にも重労働ですが、症状の程度とケアしている人の介護疲れには、相関関係はありません。

例えば、家族が認知症の手前の段階であるＭＣＩ（軽度認知障害）の診断を受けただけで落ち込み、参ってしまう人がいます。

一方で、症状が進行している家族を、日々明るくケアしている人もいます。

また、地方に住む親が認知症と診断された場合、地方で同居している家族は大丈夫なのに、別居している家族が抑うつ状態になってしまうこともあります。

多くの場合、介護疲れなどのダメージは、ケアする側の思考パターンや「認知症」に対する受け止め方、さらには本人との関係性などが大きく影響しているのです。

自覚がないまま疲れをほうっておくと、うつに発展

注意したいのは、自分でも気がつかないうちに介護疲れが蓄積し、抑うつ状態になっているような場合です。

当初、認知症と診断されてもそれほどケアを必要としない段階では、家族には「介護をしている」という自覚はありません。

徐々に症状が進行しケアが必要となり、時間と体力をケアに費やすようになり、介護疲れがたまっていきます。家族などに「言葉がきつくなった」などと指摘されて初めて、自分のストレスに気づいたりします。

また、週末だけ実家に帰って介護をしている「遠距離介護」の人は、より注意が必要です。休みがまったくないので肉体的な疲労がたまるうえ、平日にも不安を抱えているので、精神的ストレスも蓄積します（P80参照）。

信頼できるケアマネジャーに不在時のサポートを依頼しておき、ときには自分のために休みをとるようにしましょう。

こんなお宅も！

進行しても、家族みんなニコニコ

認知症後期にさしかかった高齢女性をケアしている家族がいます。診察のたび息子夫婦と娘もつき添い、説明を聞きます。悪化しても「そういうものなんだ」と受け止め、にこやかに帰っていきます。関係性や受け止め方次第で、こんな明るい介護の形もあるのだと感じさせてくれます。

介護疲れへの気づき❷

更年期、中年期の問題、寝不足による免疫力低下に注意

親の認知症のケアが始まる時期は、多くの場合、40〜50代。ケアする側も体の変わり目で、健康に注意が必要な時期と重なります。

がん、心血管系の病気などを起こしやすい年齢

40〜50代の中年期になると、さまざまな生活習慣病が現れてきます。がんや心血管疾患、脳卒中などのリスクが高まり、心筋梗塞《しんきんこうそく》などで突然死を起こすことも。

本来ならストレスを減らし、生活習慣や運動などで体調を整えるべき時期ですが、認知症のケアが始まると、逆にストレスが増えてしまいます。ジムに通ったり、ウォーキングをしたりしていた人も、忙しくなって真っ先に「自分のための時間」を削ってしまうことになります。

またこの時期は、ホルモンバランスが変化する更年期でもあります。

更年期は、女性の閉経前後約5年とされますが、最近では男性にも更年

中年期に起こりやすい病気

【脳血管の病気】
・脳卒中

【呼吸器の病気】
・肺炎

【心血管の病気】
・狭心症　・心筋梗塞
・不整脈　・動脈硬化

【泌尿器の病気】
・排尿トラブル

【生活習慣病、その他】
・がん　・高血圧
・糖尿病　・骨粗鬆症《こつそしょうしょう》
・関節リウマチ
（自己免疫疾患）

40〜50代は
病気が起こりやすい
時期なんです！

期があることがわかり、男女ともに注意が必要といわれています。

更年期の症状は個人差がありますが、頭痛や疲労感が強くなったり、イライラや意欲低下、抑うつ症状などが現れたりすることもあります。生殖器やホルモン系の病気が起こりやすく、認知症の介護をしている人が乳がんになって入院する、などのケースは珍しくありません。

睡眠不足が続いていたら、自分の体調をふり返る

認知症ケアをしている人が気をつけたいのが、睡眠不足です。

家族が認知症と診断されると、不安感から眠れなくなってしまうことがよくあります。また、認知症が進行して昼夜逆転したり、夜中にトイレの介助が必要になったりすると、ケアする人も慢性的な睡眠不足状態におちいってしまいます。

最近では、睡眠不足や不規則な睡眠リズムは免疫力を下げることがわかってきています。風邪やインフルエンザにかかりやすくなるだけでなく、長期的に睡眠不足が続くとリウマチや膠原病などの免疫疾患やがん、うつ病などさまざまな病気の発症リスクが高まるとされています。

免疫力の低下は自分では気づきにくいものです。睡眠不足が続く場合には自分の体調をふり返り、休息をとるようにしましょう。

おもな更年期障害の症状

体の症状

- ほてり
- 発汗
- 胸痛
- 腰痛
- 冷え
- のぼせ
- めまい
- 頭痛
- 背痛
- しびれ
- ホットフラッシュ
- 動悸
- 肩こり
- 関節痛
- 疲れやすさ

心の症状

- イライラ
- 落ち込み
- 意欲低下
- 情緒不安定
- 不眠

介護疲れへの気づき❸

家族や周囲の声を無視せず、聞く耳をもつ

最初はちょっとした生活の介助に始まり、少しずつ負担が増えていくのが、認知症のケアです。いつのまにか多くの時間や体力を奪われ、疲れがたまっても、自分では気がつきにくいことが多いものです。

不調に気づいていない人、気づいていても認めたくない人

とくに、専業主婦で日頃から家族のために家事をこなしている女性は要注意です。日々の生活で自然にケアをこなしていると、自分が特別なことをしているという感覚がなく、重すぎる負担に体が悲鳴をあげていることになかなか気がつきません。

また、なかには体調の変化に気づいていても、自分では認めようとしない人もいます。ケアに懸命になるあまり、自分の体のことを考える暇はないとかたくなになり、不調を無視して働き続けてしまうのです。

認知症のケアをする人の年代は、自分の健康に注意しなくてはならな

まわりの人たちのほうが、
状況が見えていることが
ありますよ！

い年代です（P30参照）。忙しいからと気づかないふりをしていると、自分にしわ寄せが来てしまいます。体調を崩してケアが続けられなくなっては本末転倒です。

周囲の助言は貴重なメッセージ

自分では不調に気づかなくても、周囲の人が変化に気づくことがあります。例えば、パートナーや子どもに「疲れてるんじゃないの」と言われることはないでしょうか。ケアマネジャーなどの介護スタッフや医師に「顔色がわるいですね」などと指摘されることはありませんか。

毎日顔を合わせている家族は、ときには自分よりも自分の体のことをわかってくれる存在です。また、介護スタッフや医師は、ケアしている人の大変な状況をよく知っています。周囲からの助言は、あなたを支えようとする人たちの貴重なメッセージなのです。

認知症のケアに必死になっていると、視野が狭くなり、人の話が耳に入らなくなることがあります。**日頃から、周囲の助言に耳を傾けるよう心がけてください**。ときにはふり返り、指摘を思い出してみることも必要です。そうすることが、周囲の貴重なメッセージに気がつき、体調を見直すきっかけになります。

家族のこんなセリフに聞き覚えはない？

また、ため息をついてる。
なんか、怖い。
人の話、聞きなよ！
少し寝なさいよ。
当たり散らさないで。
最近がんばりすぎじゃない？
ずっとイライラしているよね。
顔色がわるいよ。

相談先と治療

認知症をみてくれている主治医に相談し、カルテをつくってもらう

認知症のケアをしている人は、自分の体の不調に気がついても受診のための時間がとれず、つい先延ばしにしがちです。けれども、介護でもっとも大事なのは、ケアする側の健康。放置せずにすぐ医療機関に相談しましょう。

忙しい、時間がないからこそ、同じ医療機関に相談する

かかりつけ医がいればかかりつけ医に相談を、かかりつけ医がとくになく、どこの病院にかかったらよいかわからないときには、まず認知症の家族が受診している医師に相談してみてください。

ただし、認知症の診察は、あくまで本人のための診察時間。介護者のためには別に時間をとってもらいます。保険証を持参し、その場でカルテをつくってもらい、すぐ診察が受けられるように交渉します。

医療機関にもよりますが、血液検査など必要な検査をしてもらえば、

認知症の本人の診療の枠内で相談に応じてもらえることもある

認知症の診察は本人にかぎられ、ケア側の相談には応じてもらえません。ただし最初は「介護の相談」として聞いてもらえることもあります。

また精神科では医療の一環として、家族を交えた精神療法を行うところも。医療機関によって異なるので問い合わせてみてください。

不調の原因を探ることができます。そのうえで、どこの医療機関にかかったらいいか相談するとよいでしょう。検査の数値に異常がないときは、ストレスが原因の不調が考えられます。

家族関係なら、その問題に強いカウンセラーにかかる

介護者の不調には、多くはストレスが影響しています。ただ、原因は認知症のケアだけとはかぎりません。むしろ、認知症のケアだけで抑うつ状態になる人はあまりいません。職場や子育て、夫婦関係、自分の体のことなど、複数の悩みが根底にあるケースが多いのです。

このような場合には、臨床心理士などによるカウンセリングが必要となります。家族関係なら、過去に扱っているかを電話などで尋ねたりし、悩みの種類によって、その分野に強いカウンセラーに頼むのがベストです。

認知症の診察をしている医療機関で受診することができれば、介護者が時間を確保しやすいだけでなく、認知症本人の症状と、ケア側の悩みを連係させることができます。また、カウンセリングの内容を認知症本人のカルテにも反映させることができ、医療機関側が本人とケアする側双方の状態を把握し、治療にいかすことが可能になります。

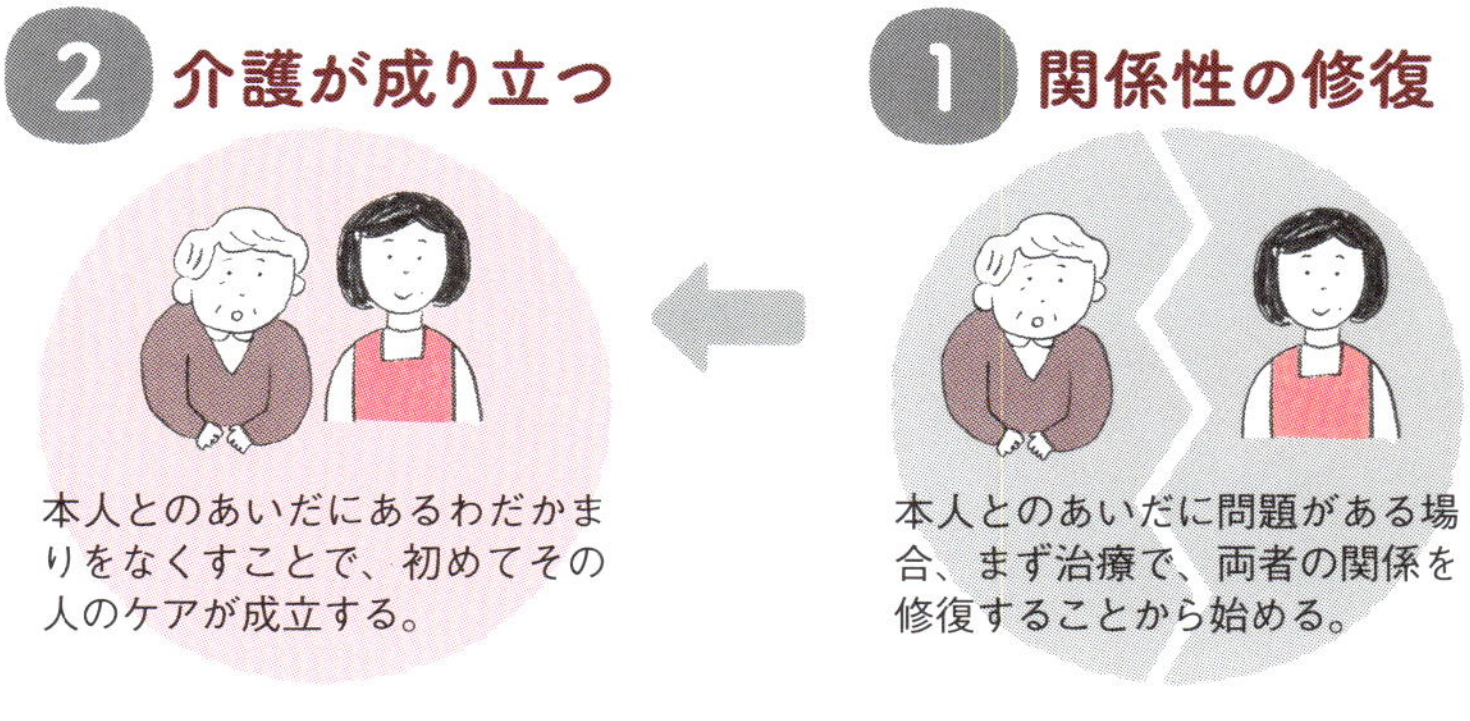
1 関係性の修復
本人とのあいだに問題がある場合、まず治療で、両者の関係を修復することから始める。
2 介護が成り立つ
本人とのあいだにあるわだかまりをなくすことで、初めてその人のケアが成立する。

西村先生の診察室

ふたりでの通院が3人に！
家族からのSOS

母と娘での診察に、娘の夫がついてきたら……

　ある認知症の高齢の御婦人の診察にはいつも娘さんがつき添い、母娘で通院していました。ある日、娘さんの夫も来られ、3人での診察になりました。

　夫によると、「妻が疲れている様子なので」という話。いつもイライラしていて、口調がきつくなっているというのです。「前はこんなにきつい話し方をすることはなかったんです」夫にそう言われ、娘さんは疲れていることに気づいた様子でした。

　それがきっかけでクリニックでもカウンセリングを受けるように。状況は落ち着きました。

　このときは娘さんの夫でしたが、ときにはお子さんが「お母さんが心配」と言って来られ、認知症の祖母、母、子どもでの診察になることもあります。

　ふたりから3人などと診察に来る人数が増えたときは、SOSのサイン。ケア側の体調を見直すきっかけになります。

血液検査で問題があった場合は関連医療機関へ

　診察の際、介護者がご自分の体調を相談されることがあります。内科的な問題の場合には、どういう医療機関を受診するべきかアドバイスしますが、介護しながら別の医療機関に通院するのが困難な場合には、当院でカルテをつくってもらって検査をし、できるだけ対応します。

　対応できない場合、専門医を紹介したり、通いやすい医療機関を探したりすることもあります。

　介護者の体調に不安がある場合には、本人の診察時に主治医に相談しましょう。検査を行ったり、ほかの医療機関を紹介してもらえる場合もあります。

Part2

ケース別対処法

「おおらかな介護」がケアする人の心を守る

介護のイライラを防ぐには、
最初からゆったり構えること！

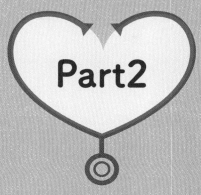

イライラさせられる症状の理由を知っておおらかに対応する

多くは「不安」から起こる症状

イライラさせられる言動の多くは、本人の抱える「不安」が原因。それで家族がイライラすると、本人は自分が家族に受け入れてもらえないように感じ、ますます不安を覚えます。怒らなくて済むように、失敗しても、できなくても、まちがえても叱責せず、ゆったりした気分で接しましょう。

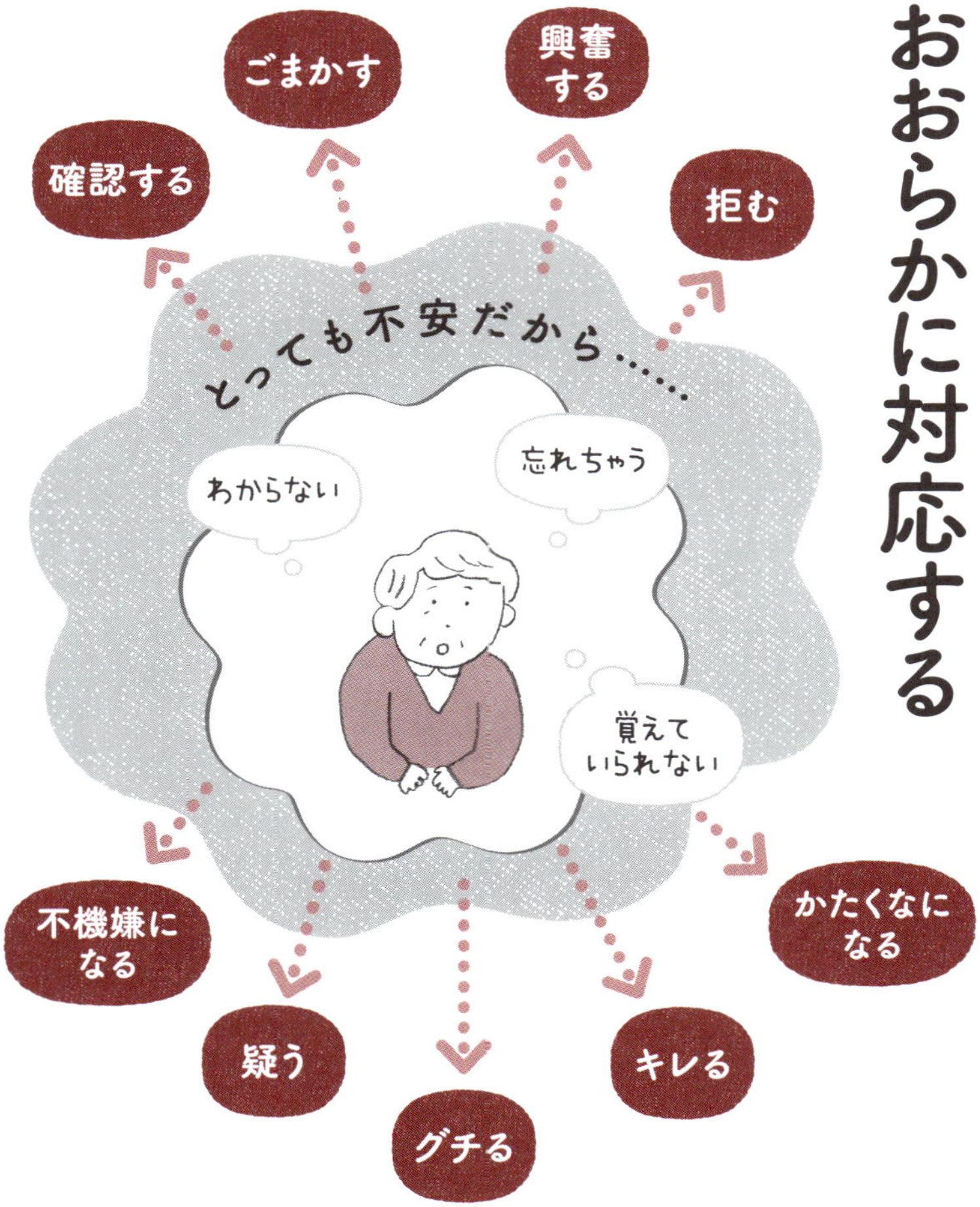

拒む CASE 1

通院やデイサービスをいやがります

＼大丈夫／

目的を変えて伝えると行くようになることも

理由がはっきりしないときは、単に気分の問題ということも。**「おいしいものを食べに行こう」と外出の目的を変え、ついでに病院に寄るという手も。**また、孫や、家族以外の人に言われると素直に応じることが多い。

拒む CASE 2

薬の時間のたびに、服用を拒みます

＼ほどほどにね!／

医師に確認のうえ、のまない日があってもOK

どの程度服用が必要なのか主治医に確認したうえで、柔軟に対応する。のまない日があってもいい、8割程度口に入ればOKだと考えよう。はり薬に変えてもらう方法もおすすめ。

拒む CASE 3

お風呂に入ろうとしません

＼無理しないで!／

最終的には、諦めるのも方法です

入浴手順がわからず困っているなら介助を頼む。どうしてもダメなら、諦めてもいい。**進行とともに、いずれは拒否しなくなり、入浴できる。**当座は体をふくだけで乗り切ろう。

お風呂入ろうよ!
薬のんでよ!
おじいちゃん、デイケア行こう!
おくすり
いやだ!

誘う人を変えることで、すんなり提案を受け入れることがある。

本人の気持ち

通院、通所、服薬、入浴自体がいやな場合と、人に反発している場合がある。

興奮する CASE4

昼夜逆転、夜中に起きてウロウロするんです

＼大丈夫！／

デイサービスで日中体を動かすのがいちばん

デイサービスなどで昼間に体を動かし、体を疲れさせるのがいちばん。**睡眠導入剤は、副作用で認知機能に影響が出ることもあるので、主治医と相談すること**。興奮を鎮める抑肝散（漢方薬）が使われることが多い。

ごまかす CASE5

嘘をついて、つくり話をするので困ります

本人の気持ち

なにか話さなくては、と記憶がない部分をつくってしまう。

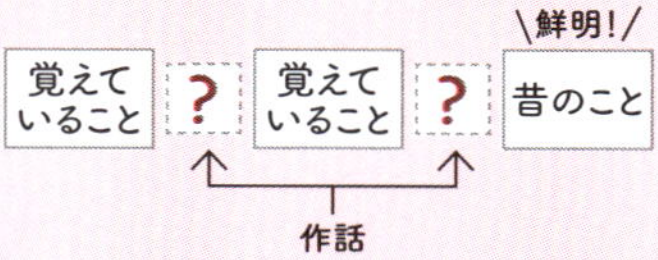

＼気にしないで！／

深刻に考えすぎずに！周囲に話しておこう

認知症の人は、最近のことほど忘れてしまう。欠落している記憶を埋めるために話をつくりあげてしまう。**否定されると不安になる。話に合わせてあいづちを打つ**。周囲にも説明し、理解を得ておくといい。

つくり話（作話《さくわ》）部分の記憶が欠落しているのだと理解する。否定したり、とがめたりせず、ただ話を受け流す。

確認する CASE 6

何度も同じことをくり返し聞かれて、疲れます

食べたお皿を出しておくと、納得してくれるかも

質問をくり返すのは、不安の表れであることが多い。**食事や薬のことを聞くのは、きちんととらなくてはと思っているため**。食後にお皿を出したままにしておいて気づかせたり、小さなお菓子で納得させたりすると、落ち着く。

本人の気持ち

ちゃんと食べたかどうかが不安でしかたない。

器をすべて片づけずに、ひとつだけ置いておくといい。

不機嫌になる CASE 7

急にイライラして、ブツブツ文句を言い出します

体勢を変えたり、その場を離れたりしてみて

不安や不満を、いらだちの形で身近な家族にぶつけてしまう。**ケアしているときに、不機嫌になったら、少し体の向きを変えたり、数分その場を離れたりするだけで、ケロリとしてしまうこともある**。
また、人格が変わったようになる認知症も。このような場合は、専門医による正確な診断が必要（P82参照）。

本人の気持ち

思うようにならない不安、不満からいらだってしまう。

5分その場を離れ、また戻ってくると、おさまっていることも。

疑う CASE8

「財布をとったでしょ!」と騒がれてうんざり

無理しないで!

まわりを巻き込んで、みんなで探しましょう

「お金がないと困る」という不安があり、置き場所を忘れたことがものとられ妄想に結びつく。**みんなで探して本人に見つけさせ「あったじゃない!」と安心させるといい。**

ここまでケアしてきたのに、泥棒扱いなんて!と思うでしょう。でも、不安をぶつけられるのは、いちばん近くにいる「あなた」だからなんですよ。

最終的に本人に財布を見つけさせる。

本人の気持ち

お金に対して、日頃から不安を覚えている。

グチる CASE9

すぐに「死にたい」と言い出し、滅入ってしまいます

気にしない!

高齢者の口ぐせだと思って、慣れましょう

「死にたい」「早く死んでおけばよかった」と言う高齢者は多いが、本心ではない。高齢者の口ぐせだと思って慣れること。気持ちが滅入っていることの表現でもある。**音楽や食事など、本人が楽しめることを考えて。**

気分UPアイデア 1

懐メロを流す

元気だった当時のヒット曲や好きだった音楽をかける。認知機能が刺激され、表情も一変。

気分UPアイデア 2

孫、ひ孫力に頼る

孫やひ孫がやってくると高揚する。興奮や緊張があるため、言動もしっかりしたものに。

気分UPアイデア 3

好きなこと、得意なことを体験

昔の記憶は鮮明。編みものや絵画、歌、演奏など、好きだったことを体験する機会を設ける。

キレる CASE 10

突然、そばにいる人に殴りかかったりします

キレる条件があるのかもしれませんね

いやな状況に置かれ、口で言えずに手が出てしまうことも。**本人がキレるきっかけを探すとともに、人混みなどの刺激が多い場所をさける**。暴力行為が出やすい認知症もある。

前頭側頭葉変性症の可能性も？

前頭側頭葉変性症では、行動のコントロールがきかなくなり、衝動的に暴力行為に及ぶことが。言葉が出にくくなり、人とのコミュニケーションにも障害が出がち。薬である程度、症状を抑えられます。

暴力が子どもに向かうときは危険。同居の孫などがいる場合、施設入所も検討する。

本人の気持ち

怖い、いやだ、不快だという思いがうまく言葉にならずもどかしい。

かたくなになる CASE 11

何度も説得を試みたのに、車の運転をやめてくれません

主治医に診断書を書いてもらうように頼む

認知症中期なのに、免許更新時の認知機能検査を通過する場合、**家族から主治医に頼み、認知症だという診断書を書いてもらう。提出することで、更新を止められる。**

車検と言って、車を売ってしまった

認知症なのに車を運転し続ける70代の男性。家族は、車検だと嘘をつき車を売却しましたが、男性は、なかなか車が戻らないので販売店を訪れました。ディーラーさんにも事情を伝えてあったので、うまく断ってもらえました。1年後免許は失効。本人もいつのまにか車のことを忘れたそうです。

寛容ではいられない症状には、家族以外の手を借りる

がまんの限界に達する前に助けを求める

認知症の症状は個人差が大きく、なにがきっかけで現れるかわかりません。主治医とともに注意深く観察し、本人や周囲に危険が及ぶようなら、施設の入所を考えて。家族だけで問題を抱え込まないで第三者の助けを求めてください。

アパシー　テレビの前で動かない

刺激不足で認知症の中核症状が進行する

アパシーとは意欲が低下して無表情になる状態。ほうっておくと筋肉量が減る「サルコペニア」や運動機能が低下する「フレイル」という状態におちいり、認知機能もさらに低下しやすい。**デイサービスなどで、適度な刺激を与えて。**

0120-×××-△△△

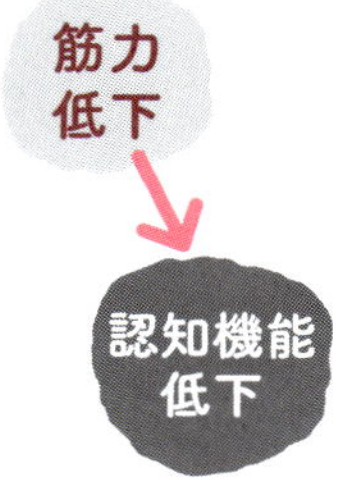
筋力低下
認知機能低下

刺激が不足すると筋力も、認知機能も低下しやすい。ひとりでほうっておくと、中核症状もどんどん進行する。

ADVICE

「デイサービスに毎日通わせて、元気にさせる」というのは、やりすぎ。週半分通ったら、週半分は寝ていてもいいか、くらいに、ゆったり構えましょう。

ろう便　便をもてあそぶ

ケアする側が精神的に追い詰められる

排便の失敗を隠そうと便をいじることがある。やがて便が汚物と認識できなくなって手でもてあそび、壁にこすりつけたりすることも。**ケア側も限界となる。施設を利用し、ろう便させない環境づくりが必要**。

ADVICE

理性でわかっていても、帰宅するたびに便だらけの部屋を掃除するのはつらすぎますよね。認知症の人を虐待してしまう恐れも。施設入所を考えましょう。

火の不始末　危うくボヤ騒ぎに

人命にかかわる問題。ほうっておかないで

料理の手順がわからなくなり、鍋を火にかけたまま離れてしまうことも。**台所に立たせないのがいちばんだが、難しい場合は施設入所を考えて**。本人だけでなく、家族や近所にまで被害は甚大に。早めに対応する。

ADVICE

IHにするなどの防衛策も。ただ認知症が進むと、IHの手順を新たに覚えることが難しいので、根本的な解決策を考えたほうがいいでしょう。

バッグには連絡先がわかるものを入れておく。服にも連絡先を縫いつけておく。

徘徊　出かけたまま帰らない

交通事故や行方不明の恐れも

決まった時刻に玄関でウロウロするなど、サインがあれば家族も注意しやすいが、**突然出て行く人や、電車などで遠出してしまう人も**。行方不明や事故など命にかかわる。

ADVICE

電車に乗って2日後に隣の県で保護された例も。そのまま交通事故にあうケースも珍しくありません。ケアの手が足りないなら、施設を利用したほうがいいでしょう。

介護のいらだち

いらだつのはしかたのないこと。まず、自分自身に寛容になる

認知症の人と生活していると、イライラすることが増えていきます。いらだちを抑えられず、相手につらく当たったり、またそういう態度をとった自分に嫌悪感を覚えたりして、心がくじけてしまいがちです。

5つのステップで寛容さを身につける

いらだちは、知らぬ間にさらなるいらだちや落ち込みを生みます。いらだったら次のように考え、いらだちから解放されましょう。こうした考え方をくり返すと、次第に寛容さを身につけることができます。

❶ 自分のいらだちに気づく

イラッとしたら、まずその事実に気づいて「私はイライラしている」と心のなかでつぶやいてみてください。一瞬、いらだちが止まるはずです。いらだちの種類よっては、ストレスの限界であることも。自分の気持ちを客観的に理解する材料だと捉えましょう（P48参照）。

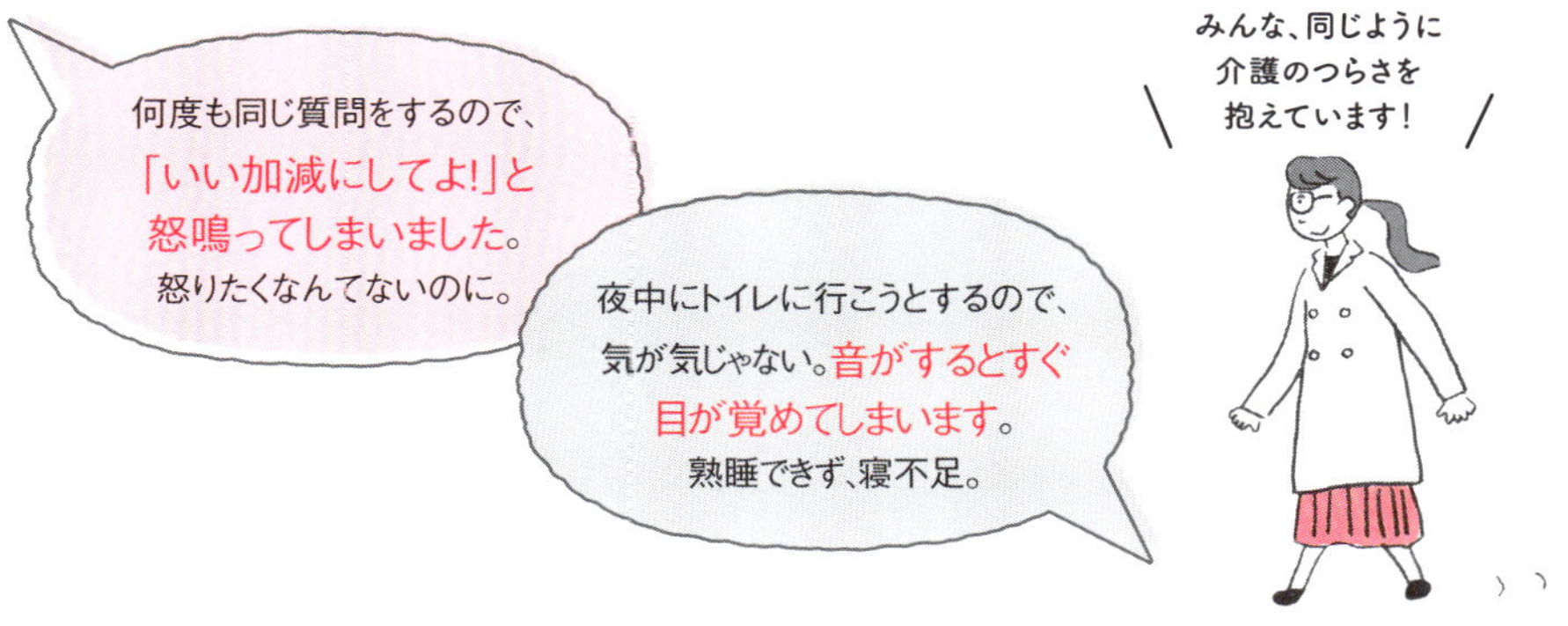
何度も同じ質問をするので、
「いい加減にしてよ!」と
怒鳴ってしまいました。
怒りたくなんてないのに。
夜中にトイレに行こうとするので、
気が気じゃない。音がするとすぐ
目が覚めてしまいます。
熟睡できず、寝不足。
みんな、同じように
介護のつらさを
抱えています!

❷ 本当はなににいらだっていたのかふり返ってみる

いらだちの原因は本当に認知症の人の言動だったのか？　別の人が同じことをした場合、同じようにいらだったか？　自問自答してみましょう。イラッとしたのはきっかけにすぎず、時間の不足や相手との関係性など、その背景にある問題にいらだったのかもしれません。

❸ いらだつのはしかたのないことだと、自分を許す

いらだちの本質がわかってきたら、それをさけることができたかどうかについて考えてみましょう。さまざまな事情が重なって、いまのいらだちが起きているはずです。だれでも同じ状況に置かれたら、イラッとしたはずです。認知症カフェ（P56参照）などに参加し、介護者の悩みを聞いてみましょう。きっとそこには、よく似た悩みがあるはずです。

❹ それでも「よくがんばっている」と自分を認める

さまざまな負担を抱えながらも、投げ出さずに介護をしている自分のがんばりに目を向けます。きちんとそれを認めてほめてあげましょう。

❺ 自分に対する厳しい態度をやわらげる

思うようにいかないことがあっても、自分を責める必要はありません。まず、自分自身に寛容になりましょう。そうすると自然に、認知症の本人にも、おおらかに接することができるようになります。

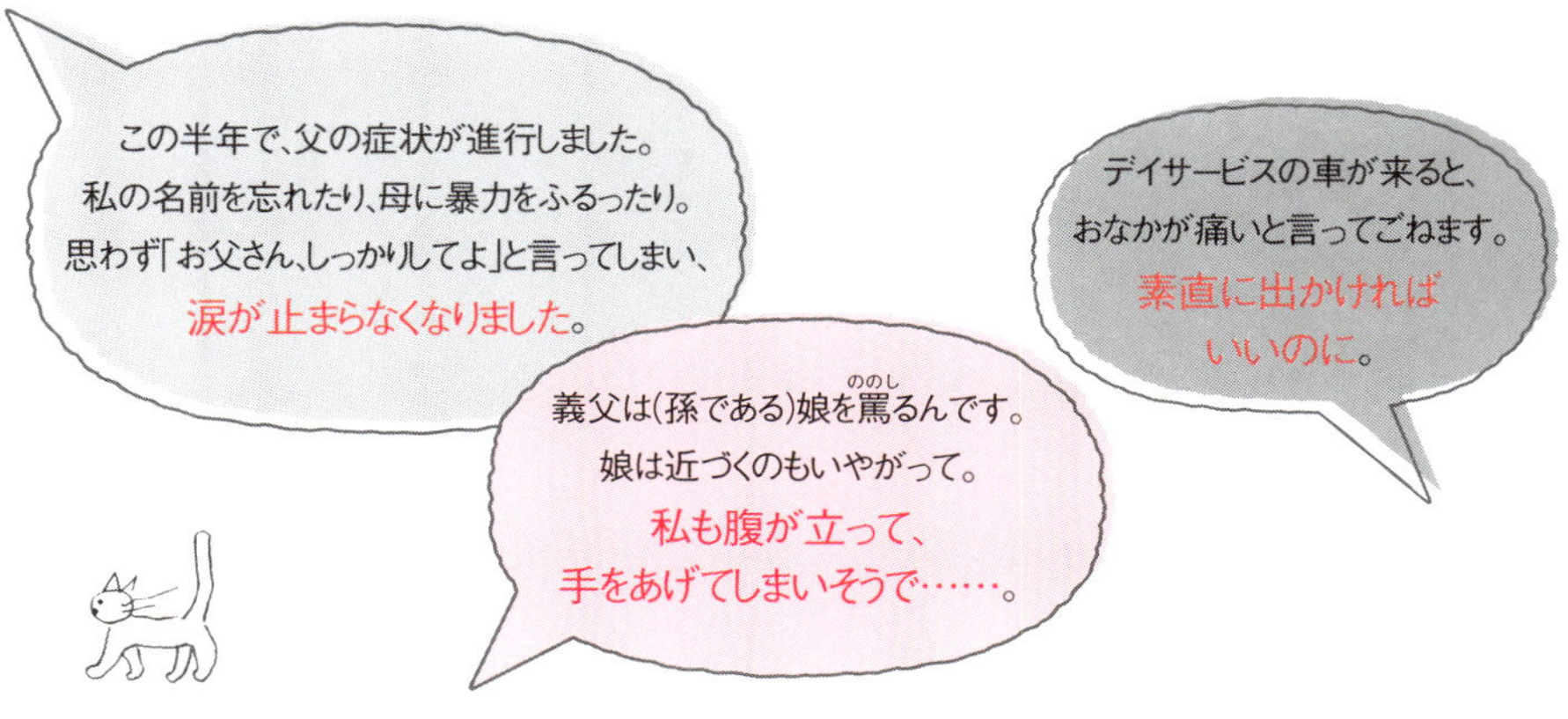
この半年で、父の症状が進行しました。
私の名前を忘れたり、母に暴力をふるったり。
思わず「お父さん、しっかりしてよ」と言ってしまい、
涙が止まらなくなりました。
デイサービスの車が来ると、
おなかが痛いと言ってごねます。
素直に出かければ
いいのに。
義父は(孫である)娘を罵《ののし》るんです。
娘は近づくのもいやがって。
私も腹が立って、
手をあげてしまいそうで……。

アンガーマネジメント

いらだちは、ストレスを気づかせてくれる機会だと捉える

認知症ケアをしていて、いらだちを感じない人はいないでしょう。でも、いらだちは向き合い方次第で、負担を軽くすることができます。

「モタモタしている」「だらしがない」と思ったら注意

服を着るときや外出するとき、「なんでこんなにモタモタしてるの」と、いらだつことはないでしょうか。また、「こんなにだらしない格好をして」と、顔をしかめたりしていませんか。だとしたら、それは本人の問題ではなく、ケアしているあなたの心が疲れているためです。

「モタモタする」とか「だらしがない」というのは、認知症の問題行動ではありません。年をとれば、ある程度動作がゆっくりになり、自分の身なりに気がまわらなくなることは当たり前のことです。

そういうことにいらつき、怒りを感じるようなら、あなたの心のなかのストレス度が限界を超えているサインです。「モタモタして」「だらし

アンガーマネジメント

1

まず6秒間、その場を離れる

強い怒りは、6秒で鎮まるといわれている。イラッとしたら、目をつぶったり、その場から離れたりして、深呼吸をする。

2

暴言は「怖い、助けて」に置き換える

暴言を吐かれたときには、そのまま受けとらずに、頭のなかで「怖い、助けて」という言葉に置き換えてみる。

イラッとしたら、試してみましょう！

ないんだから」と感じたら、ケアや仕事の負担が過度になっていないか、自分の生活をふり返ってみましょう。

いま「不安なんだ」「怖がっているんだ」と考えてみる

同じことを何度もくり返されたり、入浴や通院など本人のための行動を拒まれたりすると、イライラが募ります。かといって、怒っても相手はおびえるだけ。わかってもらえず、ますますつらくなるでしょう。

簡単なことではありませんが、まず、これらの症状は、認知症という病気が引き起こしていると考え、距離を置いて眺めてみましょう。

これらの周辺症状は、不安から生じるものです。認知症という病気のために状況がわからなくなり、不安や恐怖で混乱しているのです。

「いま、不安なんだな」「怖がっているんだな」と、本人の心のなかを察し自分の怒りをコントロールするなど、思考を切り替えてみるとうまくいきます（下記参照）。また、介護疲れだけでなく、自分がどれだけがんばっているのかも、忙しすぎてわからなくなることがあります。人に愚痴を聞いてもらったり、自分を認めてくれる人、ほめてくれる人と話をしたりするといいでしょう。張り詰めた心を緩ませて、ひと息つくことを忘れないでください。

3
「まあ、死ぬわけじゃないし」と思う

お風呂に入らない、そそうをする、デイサービスに行かない……。「でも死ぬわけじゃないから大丈夫」と思うようにする。

4
状況がやがて変わると認識

いま憎まれ口を叩かれても、病状が進むと、口もきけない状態になる。この状況がずっと続くわけではないと認識する。

5
定期的に自分を認める

たまにイラッとするくらい当たり前。そういうことを差し引いても本当によくがんばっていると、自分のことを認める。

がまんの危険

「譲れないこと」を諦めない。「無理なこと」を引き受けない

認知症のケアをしていると、自分の感情を押し殺す場面がたくさんあります。しかし、がまんし続けるのは、大変危険です。

キーパーソンになるタイプの人は自分を押し殺しがち

例えば、誰かが忙しいからとケアを敬遠したり、本人と不仲だった家族が分担に消極的だったりすることもあります。

そうした場合、結局いちばん責任感の強い人がキーパーソンを引き受けることになってしまい、負担がひとりに集中します。

注意しなければならないのは、キーパーソンが本人に対して「世話になったから」とか、「お母さんがかわいそう」といった思い入れが強すぎるときです。そのうえに、人のために自己犠牲を払いがちなタイプだと自分を押し殺して全力でケアし、自分に無理な負担を強いてしまうのです。

ライフプランを考えながら
ケアしたほうがいい人

- □ 人生の節目となるようなイベントを控えている。
  ・受験　・進学　・就職　・昇進
  ・結婚　・妊娠　・出産
- □ 昇進や資格取得など目的があって仕事や勉強をしている。
- □ 生きがいとして継続していることがある。

社会制度を利用しながら、
自分のための時間、お金を
生み出しましょう。

余力をつくり、自分のためにも時間、お金を使う

自己犠牲を強い続けると、介護者自身の生活がはたんしてしまいます。大事なのは、ケアする人が健康を保ちながら、持続可能な範囲で介護を続けていくこと。

まず、自分がどうしても譲れないことを整理しましょう。

自分がやりたいことを考え、時間とお金をそのために確保することです。ケアで人生が変わってしまったと本人をうらむようでは、誰も幸せにはなりません。

また、どうしても耐えられないことをがまんするのはやめましょう。本人との関係によっては、おむつ替えや、入浴の介助などが、どうしてもできない人もいます。

ケアは人の心が関係することです。誰でも同じようにできるわけではなく、がまんする人が偉いというわけではないのです。無理するとストレスがたまり、虐待に追い込まれてしまう危険さえあります。

介護保険制度は、家族が自分の生活を守り、無理をしないでケアを続けるために整備されています。社会資源や制度を利用して余力をつくり、自分のためにも時間とお金を使うことを忘れないでください。

医師、ケアマネジャーなど、
相談できる人を
見つけましょう。

第三者のサポートが必要な人

- □認知症以前から、その人と不仲、疎遠だった。
- □認知症以前に、その人から虐待などを受けていた。
- □たったひとりでケアに当たっている。
- □自分自身が患っている、ハンディキャップがある。
- □認知症の人がひと家族にふたり以上いる。
- □認知症の人以外に、ケアしなければならない相手がいる。

休養の必要性

「ひと息つく」ことで続けていける。休養に罪悪感を覚える必要はない

一般社団法人日本ケアラー連盟の調査によると、介護者の9人にひとりは自由時間が一日1時間にも満たないとされ（下記参照）、在宅ケアの厳しさが浮き彫りになっています。

定期健診、歯科治療、ヘアカット……忘れていたら要注意

家族による認知症のケアは日常生活の一部になってしまうと、負担が増えても気づかないことがあります。このため、ストレスがたまって抑うつ状態になってしまうことも珍しくありません。

次の項目をチェックしてください。

□ 心身の不調を感じている（P10参照）。
□ 最近、家族やケア関係の人としか話をしていない。
□ 定期健診や歯科治療、ヘアカット、マッサージなど、自分のためのケアをしていない。

自分のために自由に使える時間

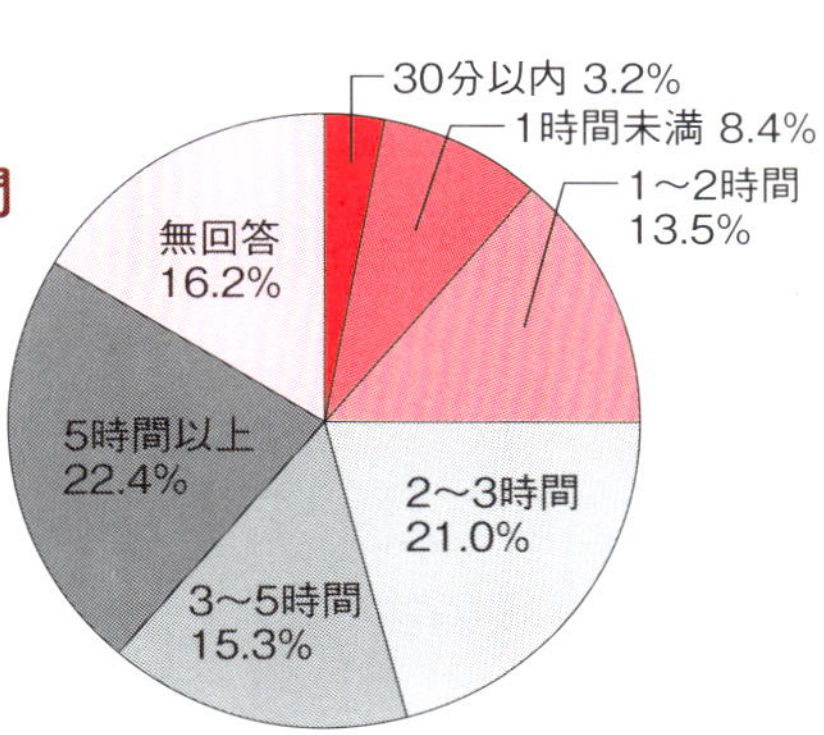
30分以内 3.2%
1時間未満 8.4%
1～2時間 13.5%
2～3時間 21.0%
3～5時間 15.3%
5時間以上 22.4%
無回答 16.2%

＊介護者 2,075 人対象（ただし認知症ケア以外のケアも含む）
出典：「ケアラーを支えるための実態調査」日本ケアラー連盟 2011

9人にひとりは、自由時間が1時間未満なのです。

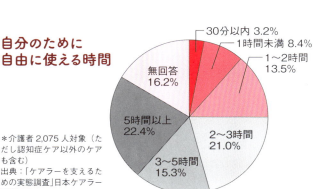

□ショッピングや趣味の用事で出かけていない。

「そういえば」と、思うようなら、要注意です。いつのまにか余裕がなくなり、自分のための時間を削っている可能性があります。

認知症ケアをしている時間は、「労働時間」と考え、一日1時間以上は休憩し、週に2日の休日を確保できるように調整してください。

サービスを駆使し、自分の時間をつくる

家族で分担が思うようにできなければ、ショートステイなど介護保険の範囲内でできることを考えます。

まずは、地域包括支援センターやケアマネジャーなどに相談してみましょう。あなたが体調を崩しては、ケアも続かなくなってしまいます。休むことに罪悪感を覚えてはいけません。休息もケアの一部と考えましょう。

介護保険制度は基本的に本人のためのサービスなので、介護者のためには使えませんが、行政や民間団体で、家事代行や介護者のためのサービスを行っているところがあります（下記参照）。

「ひと息つく」ことができれば、また新たな気持ちでケアに向き合うことができます。

民間サービスを使うことで上手に息抜き

介護者が「ちょっと息抜きしたい」ときには、民間サービスの利用を考えましょう。例えば看護師が訪問ボランティアで介助や見守りをしてくれる「キャンナス」や、日中・夜間を含めた認知症の見守りや介護者のための家事代行を行う「ダスキンライフケア」など。事業者に問い合わせて相談し、見積もりをとったうえで、適したサービスを受けてください。

- **「全国訪問ボランティアナースの会 キャンナス」** https://nurse.jp/
- **「ダスキン ライフケア」** https://lifecare.duskin.jp/

ヤング&ヤングアダルトケアラー

10～30代の介護者は、より負担を感じやすい

認知症ケアは中高年だけの問題ではありません。親が亡くなっていたり、仕事で多忙だったりして、祖父母のケアを引き受けざるを得ない10代の未成年者もいます。

未成年者のほうが、自分を犠牲にし、助けを求められない

18歳未満の介護者をヤングケアラー、18歳から30代までの介護者を若者（ヤングアダルト）ケアラーとよびます。

この世代には、進学や就業、恋愛、結婚など人生のターニングポイントが重なっているため、介護に時間がとられると、思ったような人生が歩めなくなってしまう危険があります。

とくにヤングケアラーと呼ばれる10代の未成年者たちは、「祖父母の世話をするやさしい子」と見られることが多く、自分たちもほめられることによって承認欲求が満たされるため、よりいっそうがんばってしま

10代の介護者の悩み

介護によって自分が認められた感じがするようになり、介護依存（P56）におちいりやすい。
同世代で同じ悩みを抱えている人があまりいない。
自由時間が少なくなり、勉強、遊び、恋愛などに支障が出る。
進学やキャリア選択への影響が大きい。

いがちです。

その結果、子どもらしい時間を楽しむこともできず、勉強や進学、留学などの機会を諦めざるを得ないなど、自分の人生を犠牲にしやすくなるのです。

こうした子どもたちに対しては、学校側が状況を把握して、学業や進学を諦めないで済むようにサポートしていく必要があります。

ダブルケアでは、周囲を巻き込むしかない

20代から30代は、仕事でも生活でも責任が増していく時期です。キャリアを形成していく大切な時期に認知症ケアを行うことになると、時間的にも経済的にも重い負担がのしかかります。また、子育てと認知症ケアが重なって「ダブルケア」状態になってしまうと、とてもひとりではこなせません。

このような状況では、残念ながら満足できる対策はなかなか見つかりませんが、とにかく周囲に事情を説明し、助けを求めましょう。地域包括支援センターや介護スタッフなど5～6人に声をかけてください。必ず誰かが手を差し伸べてくれるはずです。また、育児・介護休業法の制度（P80参照）も積極的に活用しましょう。

20～30代の介護者の悩み

子育ての時期と重なるダブルケア状態になる。
就業、結婚、妊娠・出産などへの影響が大きい。
支出がかさみ、経済的に困窮しやすい。
キャリア形成をしづらくなる。

介護依存とわかち合い

「他人に頼りたくない」心理は危険。人を頼り、人とわかち合う

家族のためとはいえ、認知症ケアを引き受けている人は、責任感や強い意思のある人です。でも、じつはそんな人だからこそ、はまりがちな落とし穴には気をつける必要があります。

自分のための介護になっていないか？

認知症ケアは感謝されることも少なく、孤独でつらい仕事です。ケアを続けるうちに、「こんなにつらいことは誰にも理解できるはずがない」と思いがちになります。

気分は閉鎖的になり、周囲が手を差し伸べようとしても「他人に頼りたくない」「ひとりで大丈夫」と、なってしまうこともあります。

なかには、いつのまにか「こんなに大変なことをしている」「いいことをしている」という自己犠牲の美学におちいってしまう人も。

ヤングケアラーの子どもたち（Ｐ54参照）のように、「よくがんばる

こんな人こそ、認知症カフェへ！
「話す」ことが問題解決の
いとぐちになります。

シングルマザーで子育ての最中。
頼りにしていた母のもの忘れが
激しくなり、不安です。
（40代・女性）

親を早くに亡くし、祖父の
面倒をみています。
就職したばかりだけど、
続けられる自信がないです。
（20代・男性）

妻とふたりきり。
毎日「死にたい」と言われ、
滅入ってしまい……。
息子にはなかなか相談できません。
（70代・男性）

実家の母の介護。妹たちは
知らん顔。夫も、私が実家に
出入りするのがいやみたいです。
（50代・女性）

地方に住む母が認知症初期。
毎月、月末に実家に帰るのですが、
進行が早くて
途方に暮れています。
（50代・男性）

わね」などと周囲からほめられることで承認欲求が満たされ、いいことをしているという満足感が、自分のアイデンティティになってしまいやすいのです。

そうなると、ケアする側は介護をするという行為にのめり込み、自分の満足感のために介護を行うようになっていきます。これが、ケア側がおちいりやすい「介護依存」の状態です。

同じ立場の人と話し、他人を通じて自分を見つめる

「介護依存」になると、介護することが目的になってしまうので、認知症本人の人格を無視して行動したり、本人ができることにも手を出して、能力を奪ったりする恐れがあります。

これを防ぐには、ケア側が本人と適切な距離を保ち、自分や自分の状況を客観的に見ることが不可欠です。

そのためには、同じ状況にある人と話をしてみることが大切です。

近年では、認知症カフェや家族会など、互いの経験を話し合う場がたくさんあります。こうした場に参加すると、同じような思いをしている人がたくさんいることに気づき、自分を客観視できるようになります。他人と話すだけで気分が明るくなり、リフレッシュできるでしょう。

対面が苦手なら、電話で相談

認知症の人と家族の会では、認知症に関する相談を、経験者が丁寧に聞いてくれます。抑うつや不安感が強くて人に会う元気はないけれど、誰かに話を聞いてほしいという人は、電話で相談してみましょう。

ひとりで悩まず、まずは電話をしてみましょう。

●**公益社団法人 認知症の人と家族の会** 電話相談

☎0120-294-456（10～15時・土日祝除く）

虐待と過剰介護

「ほどほどにできればいい」と思えば、虐待をさけられる

ケアでイライラがたまると、どうしても言葉や態度がきつくなりがちです。でもケアにのめり込んでいると、自分が相手を傷つけていることにまったく気づかないこともあります。

暴力だけではない。ケアしないことでの虐待も

介護虐待など、高齢者に対する介護者の暴力が問題になっていますが、とくに家庭という密室でケアしていると、イライラを直接本人にぶつけがちになり、いつのまにかＤＶに発展することもあります。

また虐待は、身体的な暴力にかぎりません。相手の尊厳をおとしめるような暴言を吐いたり、にらみつけたり、必要な介助を行わないなどのモラハラなどの虐待が見られることもあります。

注意が必要なのは、家庭という密室でケアをしていると、自分を客観視できなくなり、虐待という意識がなくなってしまうことです。

DV

ドメスティック・バイオレンス。家庭内暴力。認知症ケアをしている家庭では、いらだちが思わぬ暴力を生むケースもあり、家庭という密室での介護がDVにつながりやすい。

モラハラ

モラルハラスメント。暴言やいやがらせによる精神的苦痛。介護者が必要なケアを怠ったり、失敗に対して舌打ちや嘲笑、罵倒を浴びせたりなどが相当する。

第三者のアドバイスに耳を傾け、ストレスが限界を超えないようにしましょう。

ケアしすぎることが、虐待になるケースもある

気づきにくい虐待に、「過剰介護」があります。

これは、本人がまだできることにまで手を出してしまい、なにもやらせない状態をいいます。やがて本人は、やってもらうことが当たり前だと感じるようになって、自分のことを自分でしようという意欲が低下していきます。そして、あっという間に能力が奪われて、できることがなくなっていってしまうのです。

過剰介護になるのは、ケアする側が、自分が満足できるケアにこだわりすぎたり、相手に完璧を求めすぎたりするときです。食事をこぼすなどのちょっとした失敗もがまんできず、すぐに手を貸してしまうようなときは注意が必要。ケアする側は、よかれと思ってやっていますが、実際には本人の能力を奪うことになります。「虐待」のひとつの形です。

過剰介護も、自分ではなかなか気づくことができません。家族や介護スタッフなど、できるだけ多くの人がケアに携わるようにして、密室にならないように注意することが不可欠です。

こんなお宅も！

ろう便に耐えられず、手が出るように。施設入所で解決

仕事をしながらひとりで母親の介護をしていた娘さん。母親の症状が次第に悪化し、ろう便（P45参照）が起こるようになったのです。疲れて帰宅すると、玄関の壁が便だらけ。悪臭のなか、壁を掃除し、母親を風呂に入れ、毎日クタクタに。理性が働かなくなり、叱責だけにとどまらず、手が出るようになりました。

結局、母親を施設に入れることで、娘さんも母親も落ち着き、良好な関係に戻りました。

西村先生の診察室

「もっとやれることは？」と言い出したら、依存の可能性も

「介護依存」から「空の巣症候群」へ

認知症ケアでやるべきことを説明すると「もっとやれることはありませんか？」と、聞かれることがあります。それ以上のケアをしようとするのです。

こうした人は、介護していることに依存する「介護依存」になりがちです。ケアの手が離れると「空の巣症候群」のように抑うつ状態におちいる人もいます。

実際、ケアをしていた母親が特養に入って、「介護生活から卒業ですね」と、話していたら、数か月後にご自身が気力を失い、診察室に来られたというケースもあります。

忙しい毎日のなかでも、必ず自分のための時間をつくりましょう。趣味や旅行など、やりたいことを少しでも進めて、介護依存におちいらないよう気をつけてください。

「あなたには向いてないかも」と伝えたケースも

とても熱心に母親の介護をする娘さんがいました。お姉さんと交代で介護をしていたのですが、自分の番になると、すべてを犠牲にして、完璧なまでにお母さんに尽くそうとします。

彼女は、いわば介護依存の状態でした。

そこで私は、「介護には向いていないみたいですね」と、あえて介護はお姉さんに任せて、妹さんにはお母さんの遊び相手になってもらうようにしました。

なにかをやってあげること以外でも、本人と一緒にいることは意味があるのだと理解してもらったのです。

介護依存になりやすい人は、役割を変更することでうまくいくことがあります。

Part3

介護で心が折れないように

「続けられる生活のしくみ」をつくる

＼ 認知症のケアは
ひとりで抱え込まないでね！／

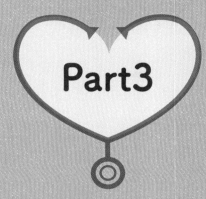

認知症の人も、家族も、全員が「割を食う」のが持続可能なケア

家族のハンディは全員の力をわけ合ってカバー

認知症ケアでは、これまでと同じ生活を保とうとすると無理が生じます。家族の総力とバランスを考え、できることをしましょう。全員が経済的、時間的、肉体的に「割を食う」のがベスト。誰かの生活に変化がないなら、そのぶん誰かが犠牲になっているかも。全員で分担するのが持続可能なケアです。

[家族の総力とバランス]

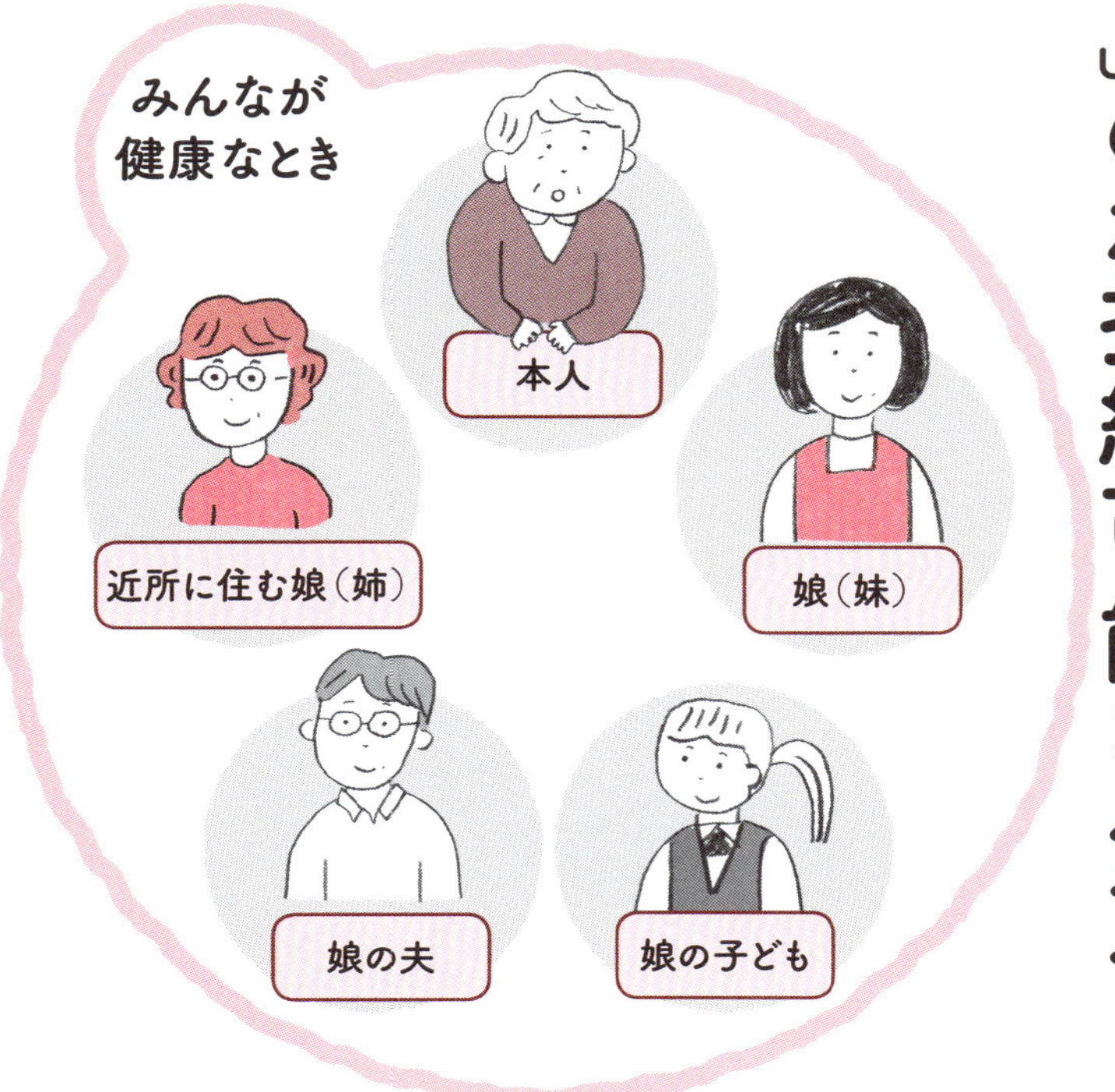
みんなが
健康なとき
本人
近所に住む娘（姉）
娘（妹）
娘の夫
娘の子ども

健康なときは、家族のメンバーそれぞれが、自分の満足を求めて活動できる。

認知症が発症！

それまでと同じように認知症の本人を満足させようとしたり、ほかの家族がいままでと同じ生活を続けようとしたりすると、必ず無理が生じ、介護を続けられなくなる。

ケアを続けるには、認知症の人自身も不自由を受け入れ、家族もそれぞれができる範囲でほどほどに時間的、経済的、肉体的、精神的負担を負うようにする。

現状に無理がないか、介護体制を立て直す

どの段階でつまずいているのか、ふり返る

ケアにストレスを感じているときは、介護体制を見直してみます。地域包括支援センターや介護保険制度は適切に活用していますか？　サービスはニーズに合っていますか？　とくにケアプランは、状況に合わせたこまめな調整が不可欠です。

現状をチェックしてみましょう。

CHECK 1

地域包括支援センターを利用している?

地域包括支援センターは、65歳以上の高齢者や、40歳以上で介護保険が必要な人、その家族のための総合相談窓口。地域支援や保険制度の情報が集まり、専門の職員が無料で相談に乗ってくれる。

地域包括支援センターまで行けない!
職員が自宅まで来てくれるので大丈夫。電話やFAXなどでも応じてくれます。

CHECK 2

介護保険以外の方法で、なんとかなりそう?

まず、困っていることを整理し、地域包括支援センターの職員に相談する。認知症の本人に関することはもちろん、介護する側の問題も相談できる。介護保険制度を使うべきか、ほかに使える社会資源などがないかを一緒に考える（P68参照）。

介護保険の手続きの流れ

STEP1　申請

地域の地域包括支援センター、自治体の介護保険担当窓口に申請する。

▼

STEP2　要介護認定

自治体担当者が訪問し、主治医の意見書とともに要介護認定の判定が行われる。

▼

STEP3　結果

30日以内に結果が通知される。「要介護度」によって受けられるサービスが変わる（P85参照）。

CHECK3

介護保険制度を活用できている？

介護保険制度を使えば、経済的にも時間的にもラクになることがたくさんある。下記の問題に一日25分以上時間をとられるときは、地域包括支援センターの職員に相談し、申請の手続きを行う。

要介護認定等基準時間の分類	
直接生活介助	入浴、排泄、食事等の介護
間接生活介助	洗濯、掃除等の家事援助等
問題行動関連行為	徘徊に対する探索、不潔な行為に対する後始末等
機能訓練関連行為	歩行訓練、日常生活訓練等の機能訓練
医療関連行為	輸液の管理、じょくそうの処置等の診療の補助

急いでサービスを受けたい！

要介護度は、申請日から有効なので、確実に認定が下りそうなら、認定前でも急ぎでケアプランを立て、サービスを受けられます。

CHECK4

ケアプランに納得している？

介護保険を使うときは、通常、介護支援事業所と契約し、ケアマネジャーとともにプランを立てる。利用中のサービスが、自分たちのニーズに合わないときは、随時調整、変更することができる。

実際に行っているケアの内容と、周囲の人の分担を確認する

本当は人の手がもっと必要なのかも……

認知症が進行するにつれて、あなたのケアの時間が増えていませんか。家事や仕事との調整はできていますか。自由な時間が徐々に減り、やりたいことをがまんするようになっていませんか。周囲の負担量、サービスの利用程度を客観的に比較しましょう。もっと手助けが必要なのかもしれません。

あなたの24時間の使い方は?

記入例を参考に書き込んでみよう!

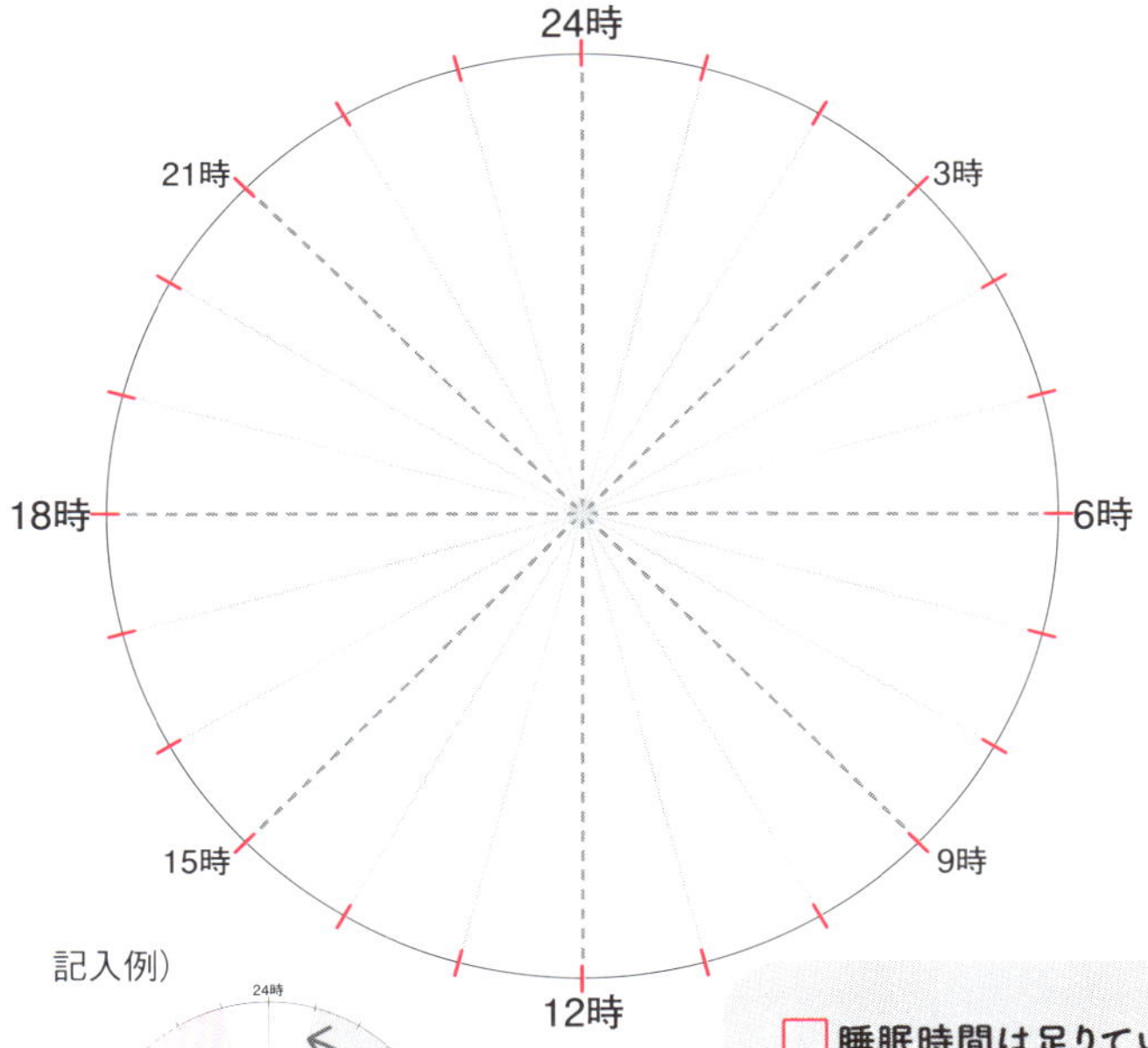

記入例)

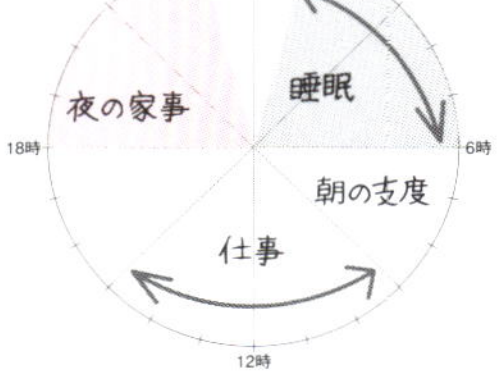

ふり返りポイント

- □ 睡眠時間は足りている?
- □ 以前よりケアの時間が増えていない?
- □ 家事や仕事の量は、以前より減らせている?
- □ 自分をケアする時間は確保できている?
- □ やりたいことをどのくらいがまんしている?

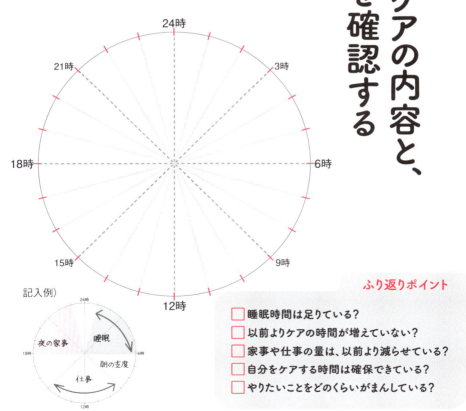

あなたひとりで全部担っていない？

それぞれが担っているものに○をつける。ケアや家のことが自分だけに集中しているなら、体制を見直す必要がある。

	内容	あなた	同居の家族	親戚・知人	その他のサービス
介護保険制度が使えない内容	●商品の販売や農作業の手助け				
	●（家族の）洗濯				
	●（家族の）調理				
	●（家族の）買いもの				
	●（家の）掃除				
	●来客の対応				
	●庭の手入れ				
	●ペットの世話				
	●外出				
	●外食				
	●（本人の）趣味のこと				
	●（本人の）近所、友だちとの交流				
	●（本人の）旅行				
	●その他				
使える内容	●（本人の）日用品の買いもの				
	●通院、通所				
	●官公署の手続き				

医療機関、行政、地域……認知症の味方はこれだけ存在する

医療、介護の両方からの支援が存在する

厚生労働省は、認知症本人や家族のための支援体制づくりを進めています。2018 年以降、認知症初期集中支援チームが各市町村に整備され、地域社会と医療機関、行政が連携してサポートを行うしくみができています。声をあげれば、支援の手は見つかります。積極的にサービスを利用してください。

別居の家族・親戚

近所の人

友人、知人

自治体窓口

自治体によっては認知症対策窓口を設けたり、認知症サポーターの養成を行ったりしている。

民生委員

ボランティアで地元の人の相談に乗る。認知症の独居高齢者を発見し、福祉につなぐ役割も。

地域支援事業

保健師や看護師などが地域支援推進員となり、地域の実態に根ざした認知症支援の事業を行う。

- 認知症（オレンジ）カフェ
- 認知症サポーター育成
- 介護者教室開催
- もの忘れ相談開催

など

社会資源

認知症であるかどうかに関係なく、高齢者や障害者を対象にした自治体による福祉サービスなど。

- 高齢者クラブ
- 高齢者見守りサービス
- 訪問理美容
- 配食サービス

など

医療

認知症専門医療機関

専門的な鑑別診断を行い、行動・心理症状などに対応。各所と連携をはかる。

認知症専門医

医療

かかりつけの医療機関

日常的な診療、相談に応じる。認知症専門医や地域包括支援センターとも連携する。

かかりつけ医・歯科医

医療　介護

地域包括支援センター

保健師、社会福祉士などが常駐する、介護関係の総合窓口。介護が必要な人、介護をしている家族からの相談を受け、適した制度やサービスを紹介。地元の医療機関と連携し、助けが必要だと思われる家庭に職員らが訪問し、医療・介護の個別支援を行っている。

- 保健師
- 社会福祉士（ソーシャルワーカー）
- 経験ある看護師
- 主任ケアマネジャー（介護支援専門員）
- 3年以上経験のある社会福祉主事

職場の介護支援制度

家族が勤めている場合は、介護支援制度、また、企業独自の制度を活用できる。

職場の人

その他のサービス

介護保険制度以外の、民間企業や団体などが提供する医療や介護の有料サービス。

近隣地域
家族
本人
キーパーソン
同居の家族
関係機関との調整役
ケアマネジャー
居宅介護支援事業所

「思いつきケアメモ」で、考えをアウトプットし、周囲に伝える

目に見える形にすることが問題解消への近道

心に浮かんだ不安や疑問は、その場でメモに残す習慣をつけましょう。メモがあれば、短い診察時にも医師に的確に病状を伝えられます。不満やつらい思いを文字にすると自分の状況を客観的に認識でき、心が落ち着きます。問題は心にためておかず、「思いつきケアメモ」にアウトプットしてください。

栄養ドリンクってのませてもいいの？
病気の進行状況……
最近お風呂をいやがるけど……
先週、玄関で転んでしまって……
えーと
あ…
困っていることや、聞いておきたいことは？

考えや思いを整理しておかないと、伝えられない

日々考えていることや気持ちを整理しておかないと、いざ伝えなければならない場面で、支離滅裂になってしまったりする。

思いつきケアメモのヒント

以下のヒントをもとに、日々の生活を見つめて、思いついたことをメモしておこう。

●認知症の本人について考えるヒント

- 中核症状の変化
- 周辺症状の変化
- 健康上で気になること
- ケアに対する希望
- 医師に対する希望
- 日常生活への希望
- 希望への支障となること

●自分について考えるヒント

- つらいこと、悲しいこと
- 不平、不満
- 困っていること
- 助けてほしいこと
- いまやりたいこと
- いまほしいもの
- 希望をかなえるために支障となること
- 認知症の家族のためにもっとしたいこと
- 自分が周囲からしてもらいたいこと

メモや単語帳に書き残す

日記のように一日のできごとをまとめておいたり、思いついたことを箇条書きにしておいたりする。医師やケアマネジャーとの面会前に、見直し、相談したいことを整理してから会う。

単語帳なら、思いついたことを書きため、検討するときに優先順位をつけ直すのも簡単。認知症の人のケア用と自分の心身のケア用にわけておくといい。

スマホのアプリを活用する

スマートフォンでメモアプリに残したり、自分宛にメールをしたり、家族用のグループSNSで検討事項を話し合ったりする。後から検索することもできるので便利。

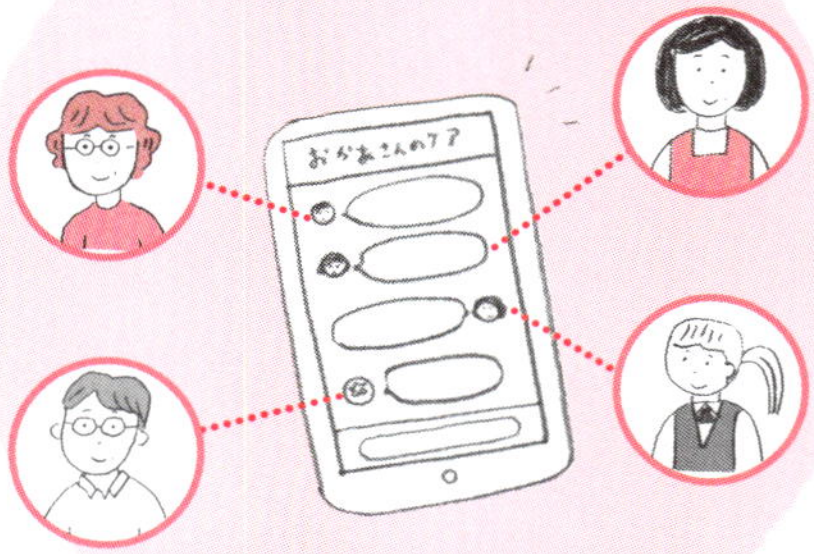

家族で使えるスケジュール共有アプリや、SNSでグループをつくってやりとりすると、情報を共有できる。

家族ケアの基本

「理想のケア」を追い求めず、できる範囲で「持続可能なケア」へ

大切な人が認知症になったとき、家族はケアに身を尽くします。しかし、そこには認知症ケアだからこそのつらさがあります。

本人から「ありがとう」と言われなくなるつらさ

現在の医学では認知症を治すことはできません。家族がどれほど懸命にケアしても、認知症の症状がよくなることはないのです。

しかも病状が進むにつれて、認知機能は低下します。ケアを受けている状況が認識できなくなります。

本人のために薬をのませたり入浴をすすめたりしても聞いてもらえず、ときに周辺症状から罵倒されることもあります。「モノをとった」「浮気した」などと、被害妄想からケアしている家族を悪者にすることさえあるでしょう。

認知症が進行すると、このような激しい反応は減っていきます。同時

3つの問いかけをしながらケアに当たる

1 どこまでなら自分でもできる？どこから、無理を感じる？

▶限界を感じるまでやらない。余力を残した状態で周囲の助けを得る。

に、本人から「ありがとう」の言葉も聞かれなくなります。こうした認知症のケアならではのつらさは、体験した人でなければわかりません。

かぎりあるお金、時間、心身のエネルギーをどう使うか

介護スタート時点では、気力も体力もある状態です。理想のケアをしてあげたいと意気込むものです。

でも、介護は、意気込みだけではどうにもなりません。気力体力はもちろんのこと、お金も時間もかかります。お金も時間も、心身のエネルギーも有限なのだと認識し、使い方を考えます。認知症はこの先、確実に悪化します。将来に向け、合理的に配分しなくては、介護を続けることができません。

持続可能なケアのためには、「自分ができること」「本人のためにぜひしてあげたいこと」「ケアがなければ自分がしたいこと」を意識します。

重要なのが、３つ目の「自分がしたいこと」。ケアをしていると、自分のための時間を削ることになります。

自分の時間を削りすぎると、結果的にストレスや体調不良でケア自体が続かなくなります。「理想的なケア」ではなく、できる範囲で無理なく続けられる「持続可能なケア」を目指しましょう。

2
本人はなにを望んでいる？そのためにしてあげたいことは？

▶認知症以前の言動を思い出し、望んでいることを想像。手立てを考える。

3
認知症のケアをしていなかったら、あなたがやりたいことは？

▶本来自分がやりたいことを考え、どういうサポートがあるとよいかを考える。

時間とお金のマネジメント

時間とお金の損失はまぬがれない。ケアで「失われるもの」を明確に

持続可能なケアを考えるうえで、時間とお金のマネジメントは欠かせません。ケアにかかる時間や費用だけでなく、仕事が影響を受けることによる損失なども明確に把握しておく必要があります。

介護者の約46%が経済的な損失を受ける

認知症ケアをする家族の経済的な機会損失を調査した論文によると、仕事をしている人が「主たる介護者」となった場合、約46%が、仕事になんらかの影響があったと答えています。

これを金額に換算すると、退職した場合には年５２１万円、パートなどについた人が労働時間を調整して働き続けた場合でも、年１４１万円もの経済的損失になるとしています。

また6割以上の人が、介護によって仕事や家事に影響が出たと答えています（下記参照）。一日のうち介護に要した時間では、見守りや意思

Q 仕事や家事を休んだ日がある？

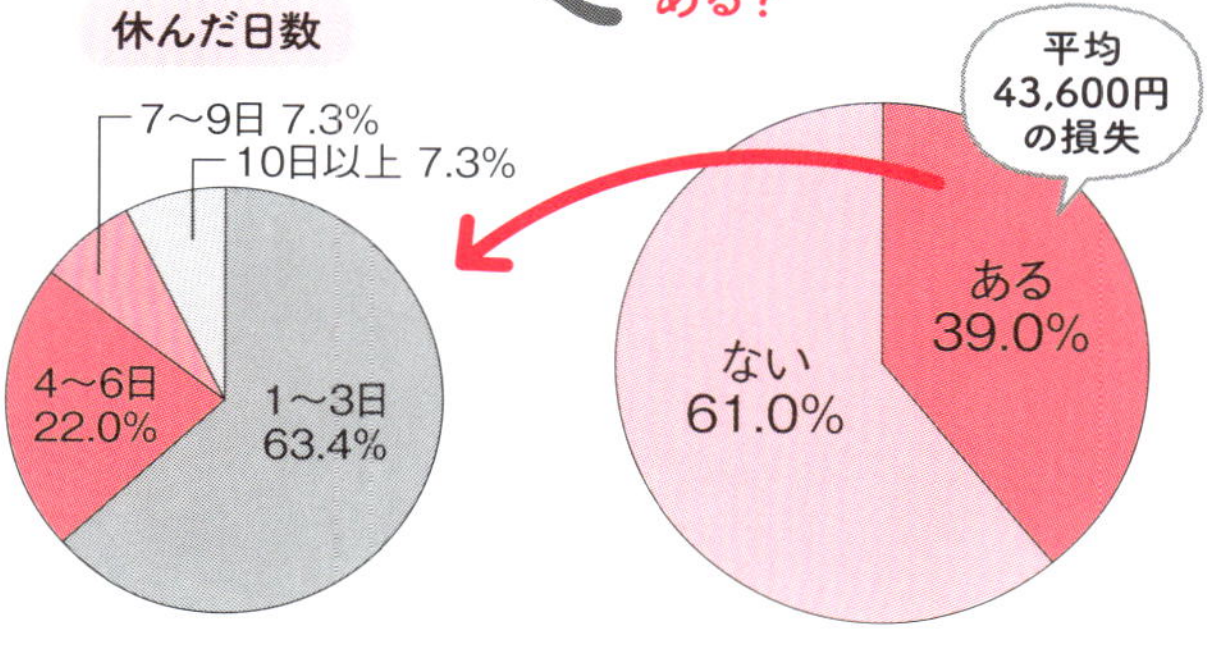
休んだ日数
7〜9日 7.3%
10日以上 7.3%
4〜6日 22.0%
1〜3日 63.4%
平均 43,600円 の損失
ある 39.0%
ない 61.0%

介護に使う時間と失われるお金

仕事や家事になんらかの影響があったと答えた人（全体の62.9%）に左記の質問をした。１か月あたりの介護に費やす時間と換算金額がわかった。

疎通など認知症特有のケアにそれぞれ約3時間ずつ費やされ、それぞれ一日3500円前後を損失しています。

社会制度を積極的に利用し、失うものを別の形で補う

こうした数字から明らかになるのは、ケアによる経済的損失を自分がどこまで許容できるか、見極めることが大切だということです。

仕事をやめる場合には、当面は大丈夫でも、将来の生活や老後に不安はないのか、きちんと計算しなくてはなりません。

もしも将来に不安を感じるようなら、介護保険などの社会制度を積極的に利用することを考えましょう。

例えば、介護保険制度による通所サービスを利用しない日のケア時間は平均15時間なのに対し、通所サービス利用日には7時間強に短縮されます。一日約8時間の余裕ができれば、その分仕事や家事にあてることができ、経済的損失を減らすこともできるでしょう。

「がんばればなんとかできる」と思っていても、経済的、時間的損失は、じわじわと精神にもダメージを与えます。さまざまな制度やサービスを上手に利用しながら、できるかぎり経済的損失を抑える工夫が必要です。

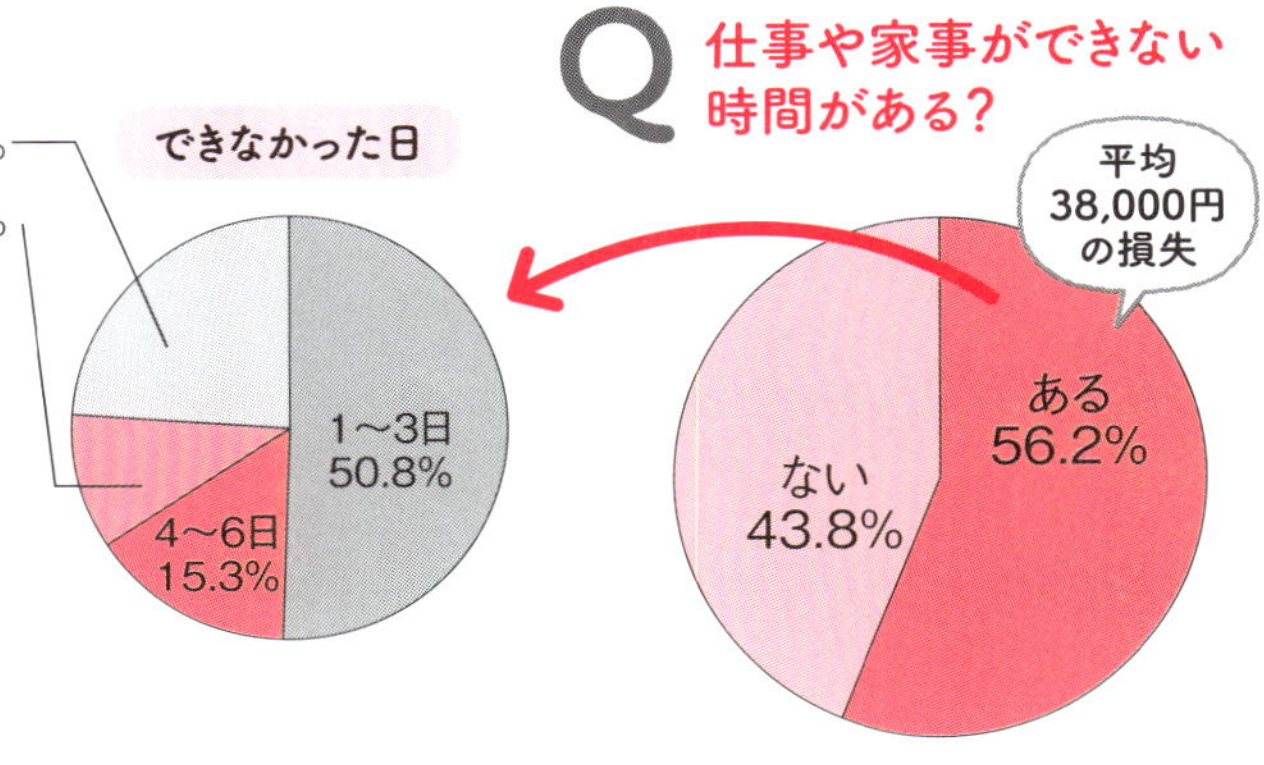
Q 仕事や家事ができない時間がある？
平均 38,000円 の損失
ある 56.2%
ない 43.8%
できなかった日
10日以上 23.7%
7～9日 10.2%
1～3日 50.8%
4～6日 15.3%

出典：「最近1か月あたりの介護に要した時間と換算金額」河野禎之、安田朝子、木之下徹（ほか）(2010) アルツハイマー型認知症の本人とその家族が経験する経済的な機会損失に関する研究／老年精神医学雑誌 21/11/1237-1251.

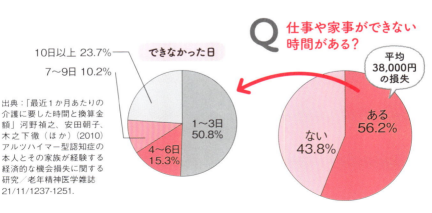

サポーターの頼り方①

困ったら地域包括支援センターへ。必ず悩みに応じてくれる人がいる

ケアをしている人のなかには、どこに相談したらよいのかわからず、困っている人も多いようです。

地域包括支援センターは、幅広く悩みに応えてくれる

あなたが、認知症ケアのことで困っているのなら、まず地域包括支援センターを訪ねてみましょう。

地域包括支援センターとは、市町村単位で設置された機関。地域住民の健康維持や生活の安定に必要な支援を一体的に行っています。

具体的には、次のような役割があります。

①介護予防ケアマネジメント……高齢者に対する介護予防ケアプランの作成などを行います。

②総合相談・支援……住民の各種相談を幅広く受けつけて支援します。

③権利擁護……成年後見制度の活用促進、高齢者虐待などに対応しま

地域包括支援センターで働いている人たち

主任ケアマネジャー（介護支援専門員）

一定の研修を受けたケアマネジャーの上位資格取得者。センターでは包括的・継続的ケアマネジメント支援を担当。地域ケア会議やケアマネジャーへの指導や支援困難事例へのアドバイスなどを行う。

社会福祉士（ソーシャルワーカー）

社会福祉の専門職。センターではおもに総合相談・支援や、高齢者の権利擁護を担当。介護保険制度の対象者や家族からの相談を幅広く受け、一緒に解決方法を考える。

保健師

保健指導や健康管理を行う人。センターではおもに介護予防ケアマネジメントを担当。要支援の人や、要介護でも自立できている人に、介護予防方法を啓蒙する。

す。

④包括的・継続的ケアマネジメント……在宅・施設を通じた地域連携の体制づくりや介護支援専門員への支援を行います。

認知症ケアにかぎらず、健康や生活面での悩みにも幅広く対応してくれます。どこに行けばいいかわからないときには、相談してみましょう。

5～6人に悩みを伝えれば、誰かが応えてくれる

すでに要介護認定を受けていて、ケアプランの相談などを希望する人は、居宅介護支援事業所を訪ねましょう。ニーズにあったサービスの紹介や、ケアプランの作成・見直しなどの支援を受けられます。

主治医が相談に乗ってくれることもありますが、忙しくてじゅうぶんな時間をとってもらえないこともあるでしょう。また、基本的にはケアマネジャーは在宅介護がメインなので、（くわしい人もいますが）施設での介護については相談に応じてもらえない場合もあります。

こんなとき、悩みを話しても相談に乗ってもらえないからと言って、すぐに諦めるのは禁物です。主治医に聞けなかったら、看護師や薬剤師に。ケアマネジャーが応えてくれなかったら、地域包括支援センターの職員に尋ねるなど、5～6人に悩みを伝えてみてください。

制度には例外もある。ささいなことでも職員に伝えて

介護保険制度は、介護を受ける本人しか使えません。掃除や洗濯など、独居なら訪問介護サービスを受けられますが、同居では原則不可。ただし、介護者家族に障害があったり、別のケアを抱えていたりすると使うことができます。また、配食や見守りのサービスなど、行政の社会資源を利用することもできます。

ささいなことでもいいので、困っていることを地域包括支援センターの職員に伝えましょう。

サポーターの頼り方❷

介護のプロになる必要はない。主治医などの専門家の評価に頼る

家族が認知症と診断されたとき、病気についての基本的な知識を得ることは大切です。ただし、「プロ」並みになる必要はありません。

認知症の本人をいちばん知っているのは誰なのか

ケアをしている人のなかには、インターネットで熱心に情報を集めたり、よその家の状況と比較して不安になったりする人がいます。

しかし、同じ認知症でも種類はさまざま。症状や進行状況にも個人差があります。中途半端な知識で、「この薬はよくないらしい」などの素人判断は禁物です。不安になったときは、認知症の本人のことをいちばんよくわかっているのは、誰なのかを考えてみるといいでしょう。

それは専門的な知識をもち、継続的に本人をみている主治医（認知症専門医）や看護師、ケアマネジャーです。病気の進行については、表に現れてくる周辺症状と、脳の変化によって起こる中核症状をわけて考

ケアマネジャーを変えたい

STEP 1

変更の申し出

直接本人に言いづらい場合、以下の3つの場所に相談し、申し出る。

❶地域包括支援センターや市区町村の介護保険課
❷別の居宅介護支援事業所
❸在籍している居宅介護支援事業所

STEP 2

変更理由を伝える

なにが問題なのかを明確にしておくと、新しいケアマネジャーを選ぶ基準ができる。選ぶ際は、ニーズを伝え、経歴や人柄を確認。

STEP 3

手続きをする

居宅介護支援事業所を変える場合、契約をし直す。ただし、介護保険やサービスについては事務所間で引き継がれる。

え、さらに脳画像を分析しなければ、正しい評価を下すことはできません。急に症状が進んだと思って落ち込んでいたら、以前からある周辺症状のひとつに過ぎなかったというケースは珍しくないのです。

主治医に相談する際には、診察時間がかぎられているので、要点や質問をまとめておきましょう。先に紹介した「思いつきケアメモ（P70参照）」が役立ちます。現状や新たに気づいた症状、ケアをしていて不安なことなど、ささいなことほど病状を評価する材料になります。

ケアマネジャーや主治医は、変更することができる

なお、現在のケアマネジャーや、主治医とうまくコミュニケーションがとれていないと感じる場合は、変えることもできます（下記参照）。

ただ、主治医を変える場合には注意が必要。一般的には、ほかの医療機関でセカンドオピニオンを求める方法がすすめられますが、自費診療なうえ、主治医に紹介状などをそろえてもらう必要があります。実際には黙って転院するケースが多いのです。しかしこれでは過去の治療データが受け継がれず、本人のためにもなりません。ほかの医師にみてもらいたいなら、別の角度から検討するためにも、現在とは違う診療科の認知症専門医を探し、医療保険を使い、受診してみるほうがいいでしょう。

主治医を変えたい

現在とは別の診療科を探す

精神科にかかっているなら、神経内科の認知症専門医を探すなど、現在の主治医の診療科とは異なる診療科の専門医を探し、予約を入れ、受診する。そのうえで、どちらにかかるかをそれぞれの医師と相談する。

＊認知症専門医は、各協会、学会のホームページで検索できる。

- **公益社団法人日本精神科病院協会**
  認知症臨床専門医
  https://www.nisseikyo.or.jp/
- **公益社団法人日本老年精神医学会**
  認定専門医
  http://www.rounen.org/
- **一般社団法人日本認知症学会**
  認知症専門医
  http://dementia.umin.jp/

遠距離介護

週末介護こそ追い詰められる。協力体制をつくり、うつを回避

地方の親など、離れた場所に住む家族のケアは、身体的にも精神的にも大きな負担になります。

職場の人や、地元のケア関係者との協力体制が不可欠

週末ごとに実家に戻って介護する人の場合、交通費などの出費がかさむだけでなく、自分のための休日がまったくなくなってしまいます。ストレスや身体的疲労もたまります。

兄弟姉妹がいなかったり、いても協力が得られなかったりすると、ひとりで負担を背負うことになります。なにかあったとき、すぐに対応できるよう、地元のケア関係者と協力体制を築いておくことが必要です。

また、職場などで家の事情を話したがらない人もいます。しかし、いずれは仕事を休むなどの支障が出てくる可能性があります。必ず上司や同僚に状況をきちんと伝えておきましょう。

「育児・介護休業法」を利用しよう

介護休業	要介護状態にある家族ひとりにつき通算93日まで、3回を上限として、介護休業を分割取得。
介護休暇	対象家族ひとりなら年5日、ふたり以上なら10日まで、一日、または半日単位で取得。
所定労働時間の短縮等の措置	事業主は、所定労働時間の短縮措置（短時間勤務制度やフレックスタイム制度など）を介護休業とは別に、対象家族ひとりにつき利用開始から3年間で2回以上の利用可能な措置を講じる。
所定外労働の制限	1回の請求につき1月以上1年以内、所定外労働の制限を請求。請求できる回数に制限はなく、介護終了までの必要なときに利用可能。
時間外労働の制限	1回の請求につき1月以上1年以内、1か月に24時間、1年に150時間を超える時間外労働の制限を請求できる。請求回数は無制限、介護終了までの必要なときに利用可能。

介護休暇などを利用し、介護の体制を整える

国は「介護離職ゼロ」を目指したとり組みを進めており、働きながら介護をする人のための制度はたくさんあります（下表参照）。まずは介護休暇などの制度を利用して、地元の地域包括支援センターに出向いてみることから始めましょう。職員に相談し、担当のケアマネジャーと綿密な打ち合わせをして、家族に合ったプランをつくるのです。

なかには、遠方の親をよび寄せて、家族と同居しようと考える人も少なくありませんが、認知症の親との同居にはさまざまなリスクがあります（P90参照）。

一方、遠距離介護にはメリットもあります。

親にとっては、住み慣れた地域で顔なじみの人たちと暮らす安心感があります。また、同居家族がいると家事などの援助は受けられませんが、ひとり暮らしの高齢者なら、訪問介護の生活援助で掃除や料理の準備などの援助を受けることができます。

さらに地元でひとり暮らしをしているほうが、特別養護老人ホーム（特養）入居の優先度が高いというメリットもあります。いまあるサービスを知り、駆使して、無理のない介護体制を整えてください。

深夜業の制限	1回の請求につき1月以上6月以内で、深夜業の制限を請求。請求回数は無制限。必要なときに利用可能。
転勤に対する配慮	事業主は、就業場所の変更をともなう配置変更を行おうとする場合、就業場所の変更によって介護困難になる労働者がいるときは、労働者の介護状況に配慮しなければならない。
不利益取扱いの禁止	事業主は、介護休業などの制度の申出や取得を理由として解雇などの不利益取扱いをしてはならない。
介護休業等に関するハラスメント防止措置	事業主は、介護休業制度の申出や利用に関する言動により、労働者の就業環境が害されることがないよう、必要な体制の整備その他の雇用管理上必要な措置を講じなければならない。
介護休業給付金	雇用保険の被保険者が介護休業を取得した場合、一定の要件を満たせば、介護休業開始時賃金月額の67%が支給される。

*要介護状態にある家族＝配偶者、父母及び子、配偶者の父母、祖父母、兄弟姉妹、及び孫。

出典：「企業のための　仕事と介護の両立支援ガイド」厚生労働省　https://www.mhlw.go.jp/content/000490099.pdf

西村先生の診察室

認知症になって人格まで変わってしまった？

やさしかったお母さんに、バケツの水をかけられる

アルツハイマー型の多くはもの忘れが始まりですが、幻覚や妄想が目立つ認知症があります。

例えばレビー小体型認知症では、見えないものが見えたり、寝ているあいだに夢遊状態で寝言や暴力に及んだりすることがあります。「財布をとられた」「妻が浮気している」などの被害妄想も、典型的な症状です。

妄想に加え人格変化や失語症が顕著な場合には、嗜《し》銀《ぎん》顆《か》粒《りゅう》性《せい》認知症も考えられます。

穏やかだった人が怒りっぽくなったり、上品な人が口汚く人を罵《ののし》るようになったりして、周囲を驚かせることがあります。

やさしかった母親が、息子のことがわからなくなって「殺してやる」と、モノを投げつけたり、バケツの水を浴びせたりするケースが実際にありました。

正しい診断で、適切な薬をのめば抑えられる

これらの認知症は、もの忘れがあまり見られなかったり、海馬もさほど萎縮していなかったりするため、正確な診断が難しく、誤診されることも。抗精神病薬を処方されると悪化するケースもあるので、注意が必要です。

治療は、症状を注意深く観察しながら投薬します。正しい診断が下されて、適切な薬をのむことで、症状をやわらげることも可能です。

暴力や暴言などでトラブルが続くケースでは、早めの入所も考えられます。

症状の進行とともに妄想なども消えていきます。前述の、息子にバケツの水を浴びせた女性も、ほどなくやさしい母親の表情に戻ったそうです。

Part4

認知症が進んでも大丈夫！

「なんでも頼る精神」でこれからを乗り切る

頼れるものはなんでも頼る。
みんなで介護をしていけば
いいんです！

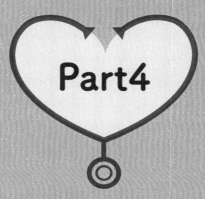

認知症の進行に応じて、ケアの内容を変化させていく

症状の段階に応じて専門家を頼る

認知症が進行し、介護認定の程度が上がれば、サービス内容も変わります。その都度、病気は医師、介護はケアマネジャー、お金などの問題は地域包括支援センターが窓口となりサポートしてくれます。ふだん認知症専門医とつき合いが薄い場合でも、施設入所の見極めなどの際は、専門医を頼るのが理想です。

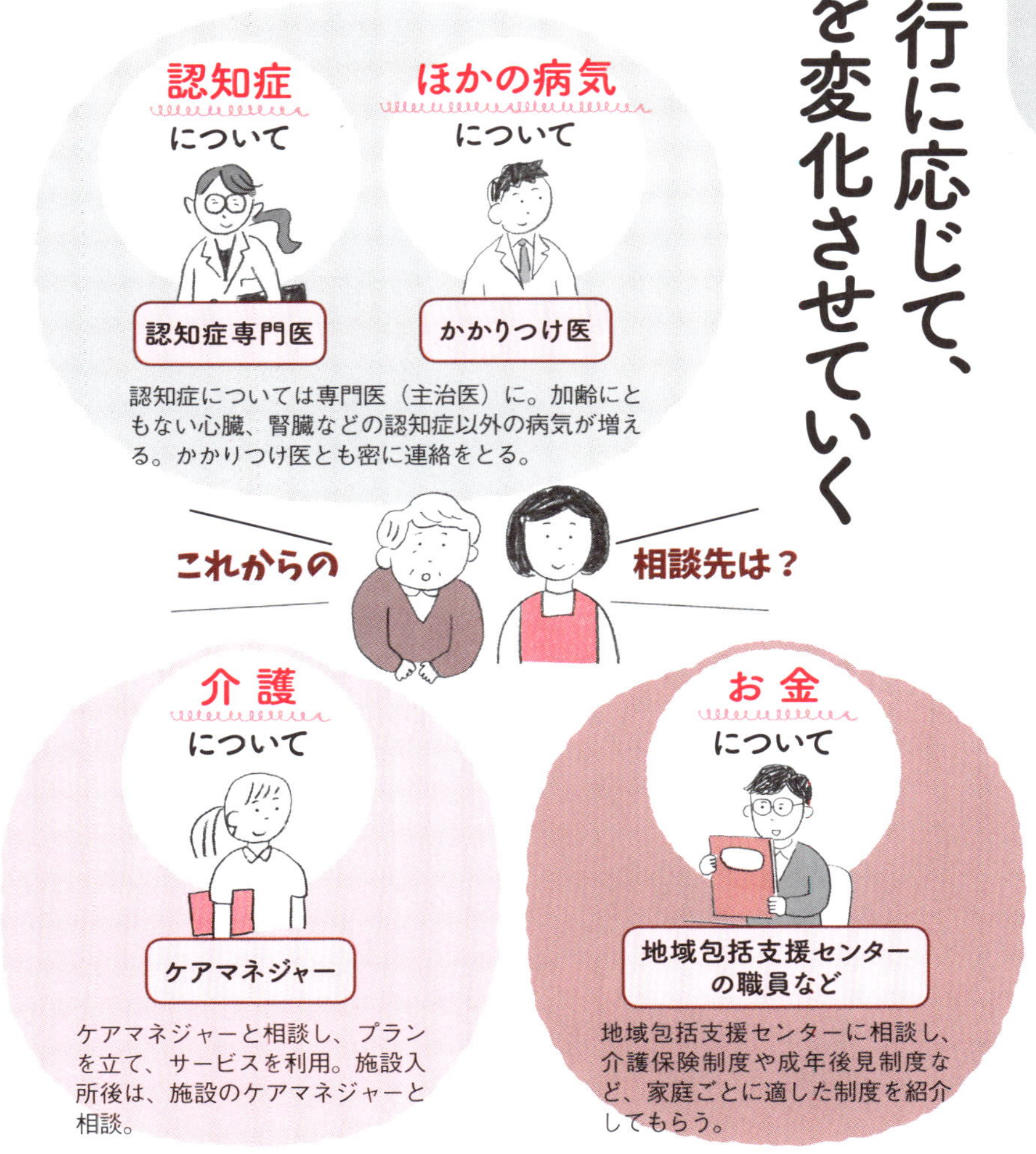

認知症について
認知症専門医
ほかの病気について
かかりつけ医
認知症については専門医（主治医）に。加齢にともない心臓、腎臓などの認知症以外の病気が増える。かかりつけ医とも密に連絡をとる。
これからの相談先は？
介護について
ケアマネジャー
ケアマネジャーと相談し、プランを立て、サービスを利用。施設入所後は、施設のケアマネジャーと相談。
お金について
地域包括支援センターの職員など
地域包括支援センターに相談し、介護保険制度や成年後見制度など、家庭ごとに適した制度を紹介してもらう。

介護認定の段階に応じてサービスを利用

一般介護予防事業
自治体による介護予防のための活動や、高齢者向けのサービスを利用できる。

介護予防・生活支援サービス事業
訪問型、通所型の介護予防や生活支援のためのサービスを利用できる。

介護予防サービス、地域密着型介護予防サービス
地域の小規模施設が、予防のための通所リハビリ、宿泊、訪問介護などを行う。顔見知りの職員により、在宅のまま自立支援が受けられる。

居宅サービス、地域密着型サービス
訪問介護・看護や通所介護、ショートステイなど。また地域限定の定期巡回や夜間の訪問介護なども。

施設サービス
在宅復帰を目指す介護老人保健施設、常時介護が必要な人のための特別養護老人ホームなどのサービスを利用。

ケアプラン*
介護予防ケアマネジメント

ケアプラン*
介護予防サービス計画

ケアプラン*
居宅サービス計画

＊ケアマネジャーが作成する。

非該当
自立ができて問題がない、軽度認知障害（MCI）や脳梗塞で将来認知症になる恐れがある人。

要支援
1 日常の一部の動作に、介助が必要な人。
2 日常的に介助が必要で、心身が不安定。

要介護
1 認知機能の低下が見られ、症状が目立つ。
2 移動や排泄、食事などにも介助が必要。
3 認知機能が全般的に低下。日常的に介助が必要。
4 多くの場面で認知機能が低下し、介助が必要。
5 認知機能が著しく低下。すべてに介助が必要。

お金のサポート制度

介護保険制度
介護サービスを利用する際、自己負担額が1割（高所得者は2割）になる。介護度によって利用限度額が段階的に変わる。

成年後見制度
家庭裁判所が選出した監督人の監督のもとで、認定された後見人が、認知症の人の財産を管理する。監督人への報酬が必要。

日常生活自立支援事業
社会福祉協議会が、認知症の人が自立して生活を送るために、福祉サービスの利用手続きや、生活費や不動産の管理などを行う。

家族信託
ある程度認知機能が保たれているうちに希望の受託者を定めることで、認知症になった場合でも、継続的に財産管理を任せられる。

進行の見極め

できる、できないをくり返す。ゆったり構えて進行状況を判断

一般に認知症の進行段階はわかりづらく、認知症専門医が時間をかけて観察しないと、どの段階なのかを正確に判断するのは難しいものです。

性急に判断できない。進行の見極めには、余裕が必要

日々認知症のケアをしていると、前の日にできていたことが突然できなくなって、「急に進行してしまった」と、落ち込むことがあります。

じつは、いったんできなくなったことでも、数日たつとまたできるようになることは多いのです。認知症の中核症状は、一進一退をくり返しながら、少しずつ進むという特徴があります。

ケアしている家族は、突然できないことが出てきたからといって、すぐに諦めず、様子を見ながら少しずつサポートしていくのが望ましいといえます。できることは本人に任せ、できないことだけに手を貸すようにすると、本人の意欲を削がずにケアが成立します。

もちろん、そのように症状に寄り添いながら進むには、ケア側の余裕が必要です。忙しいときには待っていられず、手を出してしまうこともあるでしょう。それでも構いません。できる範囲内でやればいいのです。簡単なことではありませんが、なるべく気持ちに余裕をもてる介護体制をつくり、ゆったりとケアができるよう心がけてください。

悪化状況を伝えるときは、本人のいないところで

症状が悪化したように感じたときは、本人のいないところで医師に伝えるようにしてください。

一見、わからないように見えても、認知症の本人は周囲の雰囲気に敏感です。排泄を失敗した話などをされると、自分のことが話題になっていると気づき、傷つきます。ケアする家族は「自分が、目の前で人から言われたらどんなふうに感じるか」を、想像し、接するようにしましょう。主治医とふたりになるのが難しければ、受付で伝えておき、家族が主治医と話せる場をセッティングしてもらいます。

なかにはひとりだけ診察室から外に出されると、「悪口を言われている」と、怒りだす人もいます。本人のもともとの性格を考え、見極めつつ対応を変えてください。

〈 通常の診察では 〉

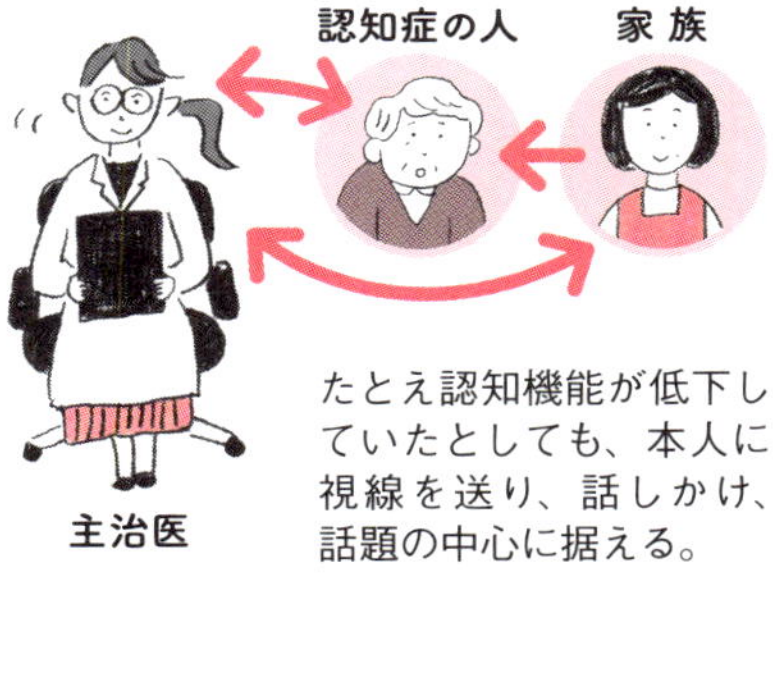

たとえ認知機能が低下していたとしても、本人に視線を送り、話しかけ、話題の中心に据える。

〈 悪化状況を伝えるとき 〉

本人が耳にしていやな思いをする話題は、主治医と家族だけで話をしたほうがいい。

介入への対応

主治医やケアマネジャーからの提案は素直に聞き入れる

症状が進行し、本人や周囲に身の危険が及んだり、家族が体力的・精神的な限界を感じ始めたりしたら、施設入所を考えましょう。

よほどの状況でなければ、専門家は声をかけない

人の手を借りることに抵抗がある人は多いものです。でも、これまでお話ししてきたように、人の手を拒み、介護の大変さを家族だけで抱え込むのは危険です。本人もケアする家族も、ラクになることはなく、最終的には共倒れになる可能性が高いためです。

肉親だから、妻だから、夫だから、本人のことをいちばんわかると思いがちです。認知症にまつわることは、専門知識も経験も豊富な主治医（認知症専門医）やケアマネジャーのほうが客観的に状況を把握できます。認知症が進行してきて、不安を覚えたら、その都度相談しましょう。

基本的に家族でケアが行われている場合、主治医やケアマネジャーは

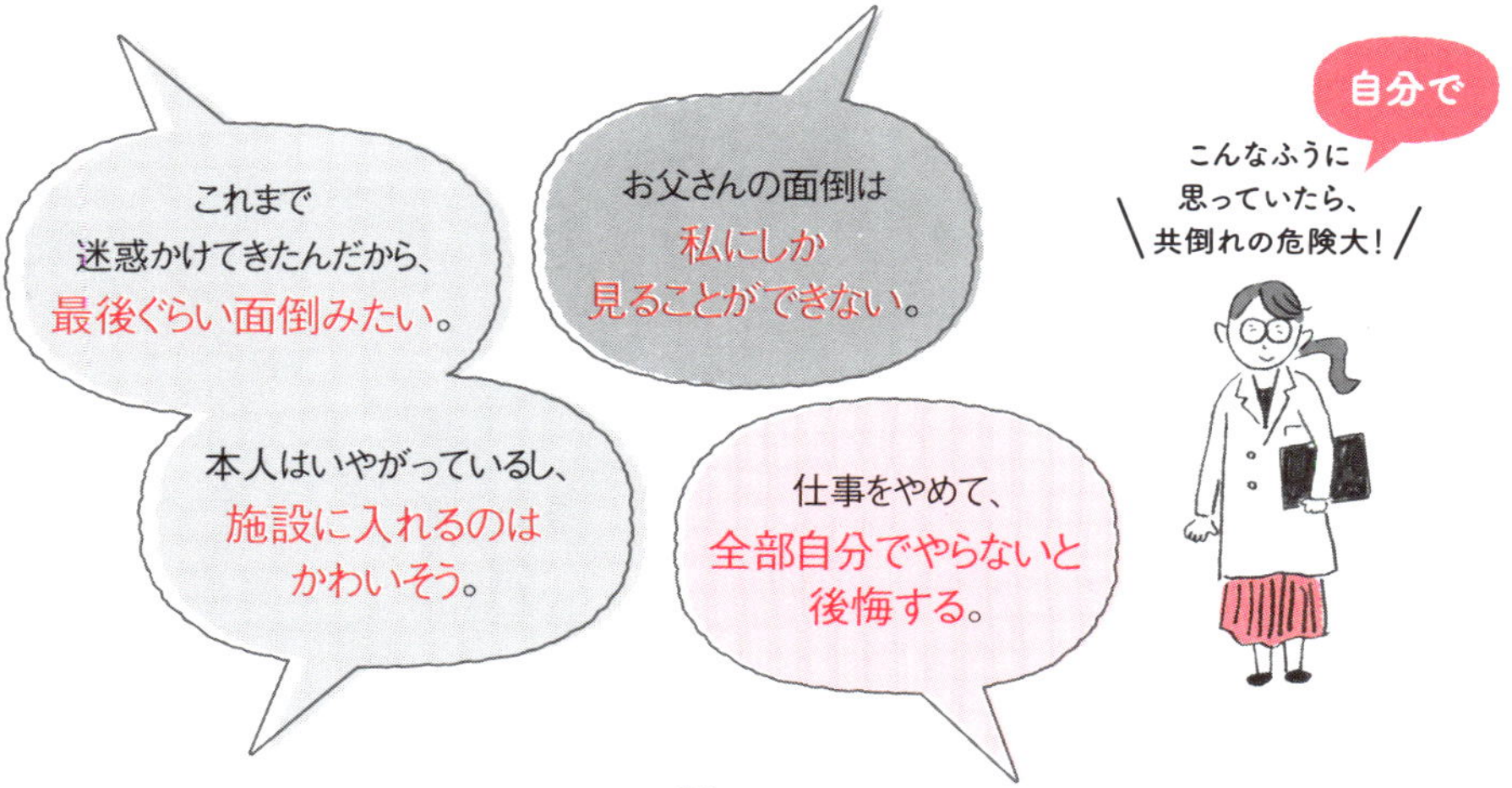
自分で
こんなふうに思っていたら、共倒れの危険大！
これまで迷惑かけてきたんだから、最後ぐらい面倒みたい。
お父さんの面倒は私にしか見ることができない。
本人はいやがっているし、施設に入れるのはかわいそう。
仕事をやめて、全部自分でやらないと後悔する。

家族の自主性に任せるものです。にもかかわらず、**主治医やケアマネジャーのほうから家族に対して、「大丈夫ですか」「こんな方法がありますよ」と提案があったときには、現状の介護が行き詰まっている可能性があります**。素直に耳を傾けてください。

反対者への説明は、主治医など専門家に任せる

認知症ケアは少しずつ深刻化するため、家族側はケアの限界を超えているのに気づかず、がんばってしまうケースが見られます。

あらかじめ主治医やケアマネジャーに相談し、適したタイミングで入所をすすめてもらうよう頼んでおくのもいいでしょう。

また、生活をともにしていない親族から「かわいそう」「家で見られないの」などと、反対されるケースもよくあります。反対者が出た場合、主治医に頼んで家族・親族向けに説明の場を設けてもらうのもひとつの方法です。医学的見地から、入所が必要だということを、主治医の口から全員に話してもらうことで、納得させやすくなります。

実際、適切な時期に入所するのは、ケア側だけでなく本人にもプラスです。**環境の整った施設で専門スタッフに介護してもらうことで周辺症状もおさまり、表情が穏やかになる人も多いのです**。

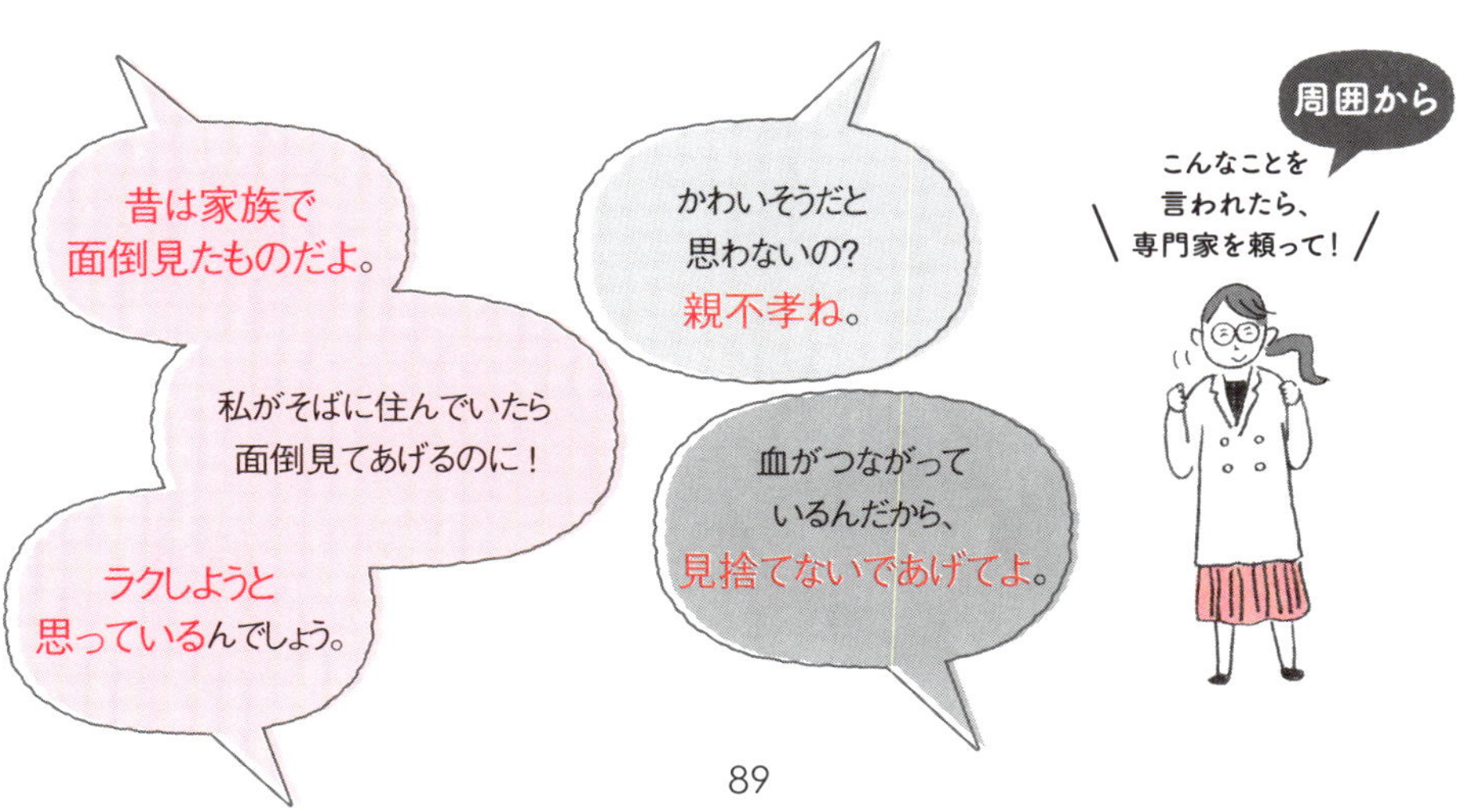
周囲から
こんなことを言われたら、専門家を頼って！
昔は家族で面倒見たものだよ。
私がそばに住んでいたら面倒見てあげるのに！
ラクしようと思っているんでしょう。
かわいそうだと思わないの？親不孝ね。
血がつながっているんだから、見捨てないであげてよ。

遠距離・別居での選択

幼い子どもや受験生のいる家庭では施設の入所を検討する

離れてひとりで暮らす親の介護を、いつまでも同じ体制で続けていくのは困難です。いずれ「ひとり暮らしは無理」と言われるときが訪れます。

負い目を感じると、客観的な判断を失いやすい

ひとりで暮らす親の症状が進み、「そろそろ施設も考えたほうがいいですよ」と、言われたときに入所をためらう娘や息子がいます。いままでひとりにしてきたことに負い目を感じ、施設に入れることが「親を見捨てる」ことのように思い、つい「もっとなにかしなくては」と、考えてしまうのです。

けれども認知症の進行とともに、危険は高まります。火の不始末や徘徊で騒ぎになることも珍しくなくなるでしょう。便を手でもてあそんだりするろう便の症状が現れていたら、すでに在宅での限界を超えていま

す。自己判断ではなく、主治医（認知症専門医）を訪ね、客観的な意見を求めましょう。本人の状況や症状をよく知る主治医なら、最適な判断を下してくれます。

子どもの人生にも影響が。「いい勉強」と安易に考えない

なかには自分の家に引きとろうと考える人もいます。そんなときには、家族の状況をしっかり考慮する必要があります。

例えば小さな子どもがいる家庭で、認知症の祖父が孫を蹴とばしたケースがありました。以来、孫は祖父を怖がり、ほかの高齢者もいやがるようになりました。また、受験生の孫が祖母との同居をきっかけに家庭内暴力を引き起こしたケースもあります（下記参照）。

子どもが高齢者と暮らすことが「いい勉強になる」という人もいますが、それはもともと交流が密にあり、関係ができている場合です。認知症になってから同居を安易に考えるのは禁物。子どもの心に影を落とし、人生の大切な時期に影響することになります。

自分の家に引きとり、家族との関係が悪化してから入所するより、いまの住まいから直接施設に入所したほうが、いい関係を保てることもあります。

こんなお宅も！

祖母の昼夜逆転生活で、受験勉強ができなくなった

受験生の息子がいる家で認知症の祖母を引きとったケースがあります。

祖母は昼夜逆転して夜中に騒ぎ、勉強どころではありません。イライラがたまった息子は祖母を怒鳴りつけ、母親を蹴とばすなど家庭内暴力に発展してしまいました。主治医の助言で、在宅は無理と判断した家族は、施設入所を決断。息子の気持ちも落ち着いて、無事大学に合格しました。

本人を引きとる際には、家族の状況を考慮する必要があります。

入所拒否の対策

施設の入所を断られても、専門家を頼れば、方法が見つかる

居宅でのケアが限界になり、家族が施設に入所させようとしても、ときには入所を断られてしまうケースもあります。

入所した施設から拒絶されることもある

通常、認知症専門医が診察していれば、認知症の患者さんが施設で対応できるかどうかの判断は可能です。ただ、症状の現れ方しだいでは、必ずしも判断通りにことが進むとはかぎりません。

例えばショートステイをしていて、夜中の徘徊や昼夜逆転などで、施設の利用を断られるケースがあります。また、暴言や暴力、被害妄想など攻撃性の激しい精神症状が出ている場合、施設では対応ができないとして、受け入れを拒絶されてしまうことも珍しくありません。

このような場合、まずは主治医に相談し、受け入れてもらえるほかの施設や医療機関を探してもらいます。

断られても諦めないで。
入れてくれる施設は
見つかります！

激しい症状は精神科の治療の対象になる

施設でケアしきれないような激しい精神症状は精神科医療の対象となり、認知症治療病棟という専門の医療機関が対応します。そこでは、精神症状を理由に入院を断られることはまずありません。主治医に紹介してもらい、医療機関に相談してみましょう。

ただし、認知症治療病棟は精神科病院です。内科、外科などの処置や専門的な治療はできません。そのため、心不全や腎不全、脱水症状など、その他の病気があったりすると、断られてしまうことがあります。身体と精神どちらの治療を優先するかは、症状の緊急性によります。

多少身体の病気があっても、急いで治療する必要がなければ、認知症治療病棟で薬物療法などを受けます。激しい精神症状がおさまり、穏やかに過ごせるようになってから、身体の治療の病院や施設に移ります。

身体の病気が重いときは、ある程度一般病院で治療を受けてから、認知症治療病棟に移ります。

例外は、精神科と内科や外科の病気が合併している患者さんを受け入れる合併症病棟を備えた医療機関です。身体と精神の両方を診察してもらうことができますが、残念ながら多くはありません。

こんなお宅も！

施設の人が暴言を……。幸い入所でき、介護がラクに

精神症状が激しかったお母さん。ショートステイに預けても、「迎えに来てください」との電話が。「家に帰る」と騒いで手に負えないというのです。職員に「あなたのお母さんだけを見ているわけじゃない」と言われ、呆然としたそうです。

この方は、ショートステイより認知症専門病棟での短期入院のほうが適していたかもしれません。幸い、その後特別養護老人ホームに入所でき、ケアもラクになりました。

家族でのケアは、家族関係の延長にある

認知症のケアをしていると誰でも「これでいいのだろうか」と迷ったり、ささいなことでいらだち、自責の念にかられたりしてしまうものです。が、完璧なケア、素晴らしい介護などありません。とくに家族のケアは、これまでの家族関係の延長にあります。笑ったり怒ったり、ときに泣いたりしながら、続いていく日常なのです。

助けを借りることで家族の心身と人生が守られる

そして認知症のケアは、多くの場合、長い看取りの始まりだともいえます。これまでの関係をふり返って感謝したり、見直したり、修復したりしながら、家族との別れの準備をする大切な期間です。そんなときに介護で息切れしないように、主治医やケアマネジャー、介護スタッフの手を借り、無理なくケアを続けられるように心がけてください。

これまで紹介してきたように、どんな困難なケースに対しても、助けの手は差し伸べられています。困っていたら、素直に困っていると声をあげましょう。躊躇せずに他人の助けを借りることが、家族全員の心身と、人生を守ることにもなります。

あなたのがんばり、
みんなが知っています。
手を借りながら、
やっていきましょう！

おわりに

読み終えて、みなさんはどう感じましたか？

もし「完璧な介護をしたい！」と思い、この本を手にとった方はがっかりしたかもしれません。でも、それでよいのです。完璧な介護より、続けられる介護のほうが、ずっと大切ですから。

高齢者虐待が社会問題化しています。「はじめに」で紹介したような、周囲の理解を得られず、介護に行き詰まり、「相手を殺して、自分も死のう」と思い詰めてしまう心境は、介護者なら共感するところがあるでしょう。

私は、老々介護の末、認知症の妻を絞め殺し、その夫が自殺してしまった事例を経験しました。夫は本当にやさしい人でした。いま思い出しても、「まじめで一生懸命、すべてに全力を尽くす」タイプの人でした。

これをきっかけに私は「お節介でもいい。本格的に介護者をケアしよう」と決めました。

どんな人が、介護うつになりやすいのか？　虐待をしてしまうのか？　どうすれば介護うつや虐待をなくせるのか？　いつも考えながら診療しています。

認知症という治らない病気とつき合いながら、どうしたら幸せに暮らせるのか。

少しでも多くの人に、伝わることを願っています。

西村知香（にしむら・ちか）

認知症専門クリニック「くるみクリニック」院長。神経内科医。認知症専門医。元介護支援専門員（ケアマネージャー）。1990年横浜市立大学医学部卒業。1993年同医学部神経内科助手を経て、1998年七沢リハビリテーション病院、2001年医療法人社団・北野朋友会松戸神経内科診療部長を経て、2002年東京都世田谷区に認知症専門のくるみクリニックを開業。同病院院長を務める。日本神経学会、日本神経病理学会、日本認知症学会所属。

●くるみクリニック　http://www.ne.jp/asahi/kurumiclinic/chikanishimura/

［参考資料］

『認知症疾患診療ガイドライン 2017』
監修　日本神経学会　編集「認知症疾患診療ガイドライン」作成委員会（医学書院）

「認知症の人の介護をしているあなたのためのケアラー手帳」（一般社団法人　日本ケアラー連盟）

・介護保険制度などの情報は2019年 7 月現在のものです。

心のお医者さんに聞いてみよう
認知症《にんちしょう》の親《おや》を介護《かいご》している人《ひと》の心《こころ》を守《まも》る本《ほん》
疲れたとき、心が折れそうなときのケース別対処法

2019年 8 月31日　初版発行
2022年 6 月23日　2 刷発行

監修者・・・・・・・・西村知香《にしむらちか》
発行者・・・・・・・・塚田太郎
発行所・・・・・・・・株式会社大和出版
　東京都文京区音羽1－26－11　〒112－0013
　電話　営業部03-5978-8121 ／編集部03-5978-8131
　http://www.daiwashuppan.com
印刷所・・・・信毎書籍印刷株式会社
製本所・・・・株式会社積信堂

ISBN978-4-8047-6330-9